„Nur wer die Vergangenheit kennt, hat eine Zukunft"

Wilhelm von Humboldt, 1767-1835

Titelbild: Haus Valand in der Werner Bauerschaft Wessel

Die Schönen vom Lande

Denkmäler in Werne a. d. Lippe

Karl-Heinz Schwarze

Bibliografische Information der Deutschen Nationalbibliothek:
Die Deutsche Nationalbibliothek verzeichnet diese Publikation in der Deutschen Na-
tionalbibliografie; detaillierte bibliografische Daten sind im Internet über
http://dnb.dnb.de abrufbar.
© 2020 Karl-Heinz Schwarze
weitere Mitwirkende: Dr. Anke Schwarze
Herstellung und Verlag: BoD – Books on Demand, Norderstedt
ISBN: 978-3-7519-3599-9

Inhalt

Vorwort

Etwa ein Dutzend Höfe und zwei Kapellen in Wernes Bauerschaften und Dörfern stehen derzeit unter Denkmalschutz. Die „Schönen vom Lande" werden in diesem Buch vorgestellt.

Die meisten von ihnen sind gut erhalten, einige gut gepflegt, manche in neuer Nutzung. Der Titel des Buches „Die Schönen vom Lande" ist unter diesem ästhetischen Aspekt berechtigt. Es soll aber keinesfalls suggeriert werden, es habe eine „gute alte Zeit" gegeben. Die Vergangenheit soll nicht nostalgisch verklärt werden. In einzelnen Kapiteln sind die harten Arbeits- und Lebensbedingungen mehrfach angesprochen worden. Die Denkmäler sind nicht nur wichtig für die Wissenschaft. Eine genaue Kenntnis über sie hilft auch, ein Verständnis für die Alltagsgeschichte der Landbevölkerung in früheren Zeiten zu wecken. Die Denkmäler in den Werner Bauerschaften sind Zeugnisse der Kultur- und Sozialgeschichte des bäuerlichen Lebens in vergangenen Jahrhunderten.

Bis zum Anfang des 20. Jahrhunderts prägte das bäuerliche Leben und Arbeiten Stadt und Bauerschaften Wernes. Noch im Jahre 1875 arbeiteten etwa 65 Prozent der Bewohner in Stadt und Land in der Landwirtschaft. Heute sind es weniger als 2 Prozent. Neben der Landwirtschaft war in der Stadt das Handwerk prägend. Erst mit dem Abteufen der Zeche in Werne im Jahre 1899 wandelte sich die soziale und wirtschaftliche Struktur der Stadt.

Ein Blick in die Geschichte kann zu Fragen anregen, die für die Zukunft von Bedeutung sein können. Eine Frage ist etwa: Wieso hat die Landwirtschaft über Jahrhunderte weitgehend ökologisch und nachhaltig gearbeitet, und zwar ohne chemischen Dünger und Pestizide? Der Blick in die Vergangenheit könnte also lehren, wie man im Sinne des Umweltschutzes Vorteile gewinnt und Nachteile minimiert. Für die Zukunft gilt, ökologische und ökonomische Ziele miteinander in Einklang zu bringen. Der ökonomische Zwang hat zu einer Verarmung geführt. Ein Beispiel dafür ist der Apfel, des Westfalen liebstes Obst. Jeder Hof hatte früher einen Apfelgarten mit zahlreichen verschiedenen Sorten. In Deutschland gab es über 2000 Sorten. Und Apfelliebhaber schwören:

gegen jede Krankheit gibt es eine bestimmte Apfelsorte. Heute stammen über 60 Prozent der verkauften Äpfel nur noch von vier Sorten. Genau diese Sorten werden von Allergikern als unverträglich eingestuft.

In verschiedenen Denkmälern wird auch erkenntlich, wie die Vergangenheit die Gegenwart prägt und Entscheidungen Folgen für die Zukunft haben. In alte Strukturen sind vielfach neue Lebensformen eingezogen. Vieles ist verändert worden, manches den neuen Bedürfnissen angepasst. Interessant ist zu sehen, wie Neues oft verantwortungsvoll mit Traditionellem verbunden ist.

Die Fotos der Gebäude bilden den Ausgangspunkt der jeweiligen Kapitel. Es folgen historische und bautechnische Besonderheiten des Denkmals. Grundlage dazu sind die Akten der Unteren Denkmalbehörde der Stadt Werne. Es schließen Informationen aus verschiedenen literarischen Quellen zum historischen Zusammenhang an. An wichtigen Stellen wird auf Autoren verwiesen. Sonst ist auf eine detaillierte Belegführung verzichtet worden, da es nicht darum ging, neue wissenschaftliche Erkenntnisse zu erschließen. Angefügt sind mehrfach interessante und lustige Geschichten und Erlebnisse der Bewohner vor Ort.

Für die umfassende Unterstützung bei der Textarbeit, beim Layout, bei fachlich historischer Beratung und vor allem der Computerarbeit für den Druck beim Internetverlag BoD gilt meiner Tochter, Dr. Anke Barbara Schwarze, mein ganz besonderer Dank. Herzlich danke ich meiner Frau, Brigitte Schwarze, für das intensive Korrekturlesen und für vielfache sonstige Unterstützung. Für zahlreiche Informationen, interessante Erzählungen und die Fotoerlaubnis gilt mein Dank den Besitzern, Pächtern bzw. Mietern der einzelnen Gebäude. Die Kerninhalte zu den Denkmälern basieren auf der Sammlung im Archiv der Unteren Denkmalbehörde der Stadt Werne. Claudia Brune-Schratz ist bei der Suche und Bereitstellung der Materialien sehr hilfreich gewesen, besten Dank dafür.

Werne, im Mai 2020   K.-H. Schwarze

Prämonstratenserstift Cappenberg

Schloss Cappenberg, Ansicht von Süden

Die Höfe des Münsterlandes unterstanden zumeist einer adeligen Grundherrschaft. Das waren für die Werner Bauerschaften vor allem das Stift Cappenberg und die adeligen Herren von Westerwinkel und Nordkirchen, für Stockum die Abtei Herford.

Die Grafen von Cappenberg gehörten zu den angesehensten und mächtigsten Herren in Westfalen, bevor Gottfried von Cappenberg Burg und Besitz 1122 dem Gründer des Prämonstratenser-Ordens, Norbert von Xanten, übertrug. Gottfried war von Gräueln und Schuld belastet. Im Investiturstreit war er an der Seite des Herzogs von Sachsen, des späteren Kaisers Lothar III., gegen Münster gezogen. Bei der Erstürmung waren Menschen, Häuser und Dom einem Brand zum Opfer gefallen. Wegen der Reue und Buße Gottfrieds entstand in Cappenberg das erste deutsche Stift des Ordens der Prämonstratenser. Nach dem frühen Tod Gottfrieds setzte sein jüngerer Bruder Otto sein Wirken fort. Das Stift wurde durch Privilegien und Geschenke von Kaisern, Päpsten und Bischöfen reich und angesehen.

Dem Prämonstratenserstift Cappenberg waren bis zur Säkularisation 1803 die Mehrzahl der Höfe in Werne eigenhörig, in Lenklar jeder Hof, in der Bauerschaft Langern außer einem alle anderen, in der Bauerschaft Ehringhausen nur zwei nicht. Auch die Pfarrkirche der Stadt Werne war eng mit dem Stift Cappenberg verbunden. 1139 hatte der Bischof von Münster dem Stift die Pfarre in Werne übertragen. Bis 1803 übte ein Kanoniker des Stiftes dort den Pfarrdienst aus.

In den östlichen Bauerschaften Wernes waren die Höfe mehrheitlich den Herren in Westerwinkel oder in Nordkirchen zugehörig. Die meisten Höfe in Holthausen mussten den Kornzehnten nach Nordkirchen entrichten.

Diese Eigenhörigkeit bedeutete eine vielschichtige persönliche Abhängigkeit und mehrfache dingliche und dienstliche Verpflichtungen. Die Bauern mussten z. B. den Grundherrn Hand- und Spanndienste leisten. Die Leistungen waren äußerst vielschichtig. Für die Abgaben- und Dienstverpflichtungen der Höfe gab es zumeist oft mehrfache Empfänger, teils sogar etwa vier bis fünf. So musste etwa ein Hof Leistungen verschiedener Art an Westerwinkel und an Nordkirchen, dazu an die Amtsrentei Werne, an die Kirche, auch an den Küster erbringen.

Die persönliche Abhängigkeit unterschied sich von Hof zu Hof bzw. von Person zu Person; sie reichte von völliger Freiheit bis zu weitgehender, auch persönlicher Abhängigkeit. Die persönliche Abhängigkeit schloss teils z.B. die Genehmigung zur Heirat ein, die der Grundherr allerdings ohne zwingende Gründe nicht verweigern durfte. Auch die Ausbildung und Berufswahl der Kinder konnte bestimmt werden. Kinder waren ebenfalls eigenhörig und durften ohne Freikauf die Grundherrschaft nicht verlassen.

Streit um Fisch- und Mühlenrechte

Beruhte ursprünglich das Verhältnis zwischen Herr und Bauer auf Gegenseitigkeit, der Herr war u. a. zum Schutz seiner Höfner verpflichtet, erweiterte der Adel im Lauf der Geschichte seine Rechte schrittweise sehr zu Ungunsten der „Eigenhörigen". Dass dabei auch die adeligen Chorherren des Prämonstratenserstiftes Cappenberg ihre Wünsche

Die Cappenberger Stiftskirche St. Johannes Evangelist

nicht immer mit christlicher Nächstenliebe durchsetzten, veranschaulicht eine Sage, die in der Bauerschaft Lenklar erzählt wurde.
Um den Hof Waterhues herum habe man in hellen Nächten oft einen Knaben und ein Mädchen gesehen, mit Blumenkörbchen in den Händen. Deren ruhelose Seelen geisterten um die großen Teiche in den Lippewiesen. Es seien die Geister jener beiden Kinder gewesen, deren Hofstätte das Kloster an sich gezogen habe.
Julius Schwieters führt dazu aus: Auf dem Hof Waterhues saßen im Jahre 1290 eine Mutter und zwei Kinder. Ihnen gehörte der Hof frei und eigen. Die Stiftsherren von Cappenberg nahmen die Mutter mit der Tochter gefangen und steckten sie in das Frauenkloster zu Cappenberg, machten den Sohn leibeigen und gaben ihm dann den bisher freien Hof zu Gewinn und Pacht.
In Streitigkeiten, nicht nur mit dem Hof Waterhues, ging es dem Kloster um die Fischereirechte an der Lippe. Der Hof Waterhues, ein sprechender Name, lag in den Lippeniederungen, von fischreichen Teichen umgeben. Die Fischerei war für die Konventsherren auf Cappenberg sehr

11

wichtig; denn lange galt eine strenge Regel: es durfte häufig im Gedenken an den Tod Christi kein Fleisch gegessen werden. Fische konnten, ja mussten die Mahlzeiten reichhaltiger gestalten. Diese strenge Speiseregel wurde später gelockert und die Vorschrift schrittweise begrenzt. Auf die Fischereirechte an der Lippe hat das Kloster allerdings nicht verzichtet.

Streit mit dem Kloster Cappenberg gab es auch in einem anderen im Mittelalter und in der frühen Neuzeit gewinnträchtigen Wirtschaftszweig, dem Mahlen von Getreide, so im Jahre 1278 zwischen Cappenberg und den Herren von Werne um Wassermühlen an der Lippe; so um die Gedembergmühle und eine Windmühle auf dem Bakenknapp (s. dazu das Kapitel „Mühlen", S. 63).

Ein dritter Streitfall waren die Auseinandersetzungen um Weiderechte. Über Jahrzehnte wurde immer wieder zwischen verschiedenen Kontrahenten vor dem Hofgericht des Fürstbischofs in Münster und vor dem Reichskammergericht in Wetzlar darum gefochten, wer sein Vieh wo und wann weiden lassen durfte. Cappenberg verklagte z. B. Bauern der Stadt Werne, sie hätten widerrechtlich Vieh des Stiftes „verschüttet". Diese Bauern hatten Vieh der zum Kloster gehörenden Höfe in den sogenannten „Schüttwall" an der Stadtmauer getrieben und dort eingepfercht. Das Vieh habe, so ihre Rechtfertigung, auf Werner Weidegebiet gegrast. Der Streit war vor allem auch deswegen so konfliktreich und dauerhaft, weil die Besitzrechte an Grundstücken und Fluren, vor allem bei den Allmenden, lange Zeit nicht klar abgegrenzt waren.

Reformen zur Bauerbefreiung

In Folge der Französischen Revolution wandelten sich die Verhältnisse völlig. 1803 wurden mit dem sogenannten Reichsdeputationshauptschluss alle Klöster aufgehoben. Das Fürstbistum Münster und in ihm der kirchliche Besitz, damit auch das Kloster Cappenberg, fielen an das Königreich Preußen. Der preußische Minister Freiherr vom und zum Stein setzte in Berlin 1807 Reformen zur Bauernbefreiung durch. Die Leibeigenschaft und die Erbuntertänigkeit wurden aufgehoben. Auch die Freiheit der Berufswahl wurde Gesetz. Im Rheinland und Westfalen wurden während der kurzzeitigen französischen Herrschaft 1808 weitreichende Reformdekrete erlassen. Die preußischen Reformen von 1807 waren zunächst nur erste Maßnahmen zur völligen Bauernbefreiung. Zahlreiche Verpflichtungen der Bauern blieben bestehen. Diese beinhalteten vornehmlich wirtschaftliche Belastungen.

Der Freiherr vom und zum Stein erwarb später vom preußischen Fiskus die Besitzungen des Klosters Cappenberg. Er und seine Erben erhielten damit weitgehende Rechte und den Besitz vieler Höfe des ehemaligen Stiftes. **Der preußische Fiskus behielt zunächst die Dienste für Land und Wald.** Viele Höfe blieben noch lange Zeit auch diesen neuen Grundherren verpflichtet.

In zahlreichen Teilschritten zogen sich weitere Reformen über Jahrzehnte hin. Abgeschafft wurden bis zur Mitte des 19. Jahrhunderts alle Abhängigkeitsverhältnisse, doch nur die Dienst- und Abgabenverpflichtungen entschädigungslos. Für Hof, Grund und Boden, standen den Grundherren hohe Ablösesummen zu. Daher waren über eine lange Zeit zahlreiche Höfe mit hohen Schulden belastet. Einen Abschluss erfuhren die Reformen nach der Revolution von 1848/49 mit dem preußischen Gesetz vom 2. März 1850.

Cappenberg: Hof zwischen Schloss und Stiftskirche

Hof Schulze Froning in Holthausen

Wohnbereich des Hofes Schulze Froning mit Werner Stadtfahne

Unter den ländlichen Denkmälern in Werne ragt der Hof Schulze Froning heraus. Auf der gesamten Anlage stehen vier Gebäude unter Denkmalschutz. „Der Hof Schulze-Froning ist eine stattliche zusammenhängende Hofanlage in der für das südliche Münsterland typischen Siedlungsform, an der sich im besonderen Maße historische Vorgänge und Entwicklungen aufzeigen und erforschen lassen", heißt es in der Denkmalschutzliste der Stadt Werne.

Im Inneren ist der sehr gut erhaltene Barockkamin von besonderer historischer Bedeutung. Er zeugt vom Reichtum des Froninghofes im 18. Jahrhundert. An einem schweren schwenkbaren Holzbalken wurden über offenem Feuer fürs Kochen Töpfe und Pfannen aufgehängt. Früher tränten die Augen, wenn der Rauch durchs "Deelentor" zog; aber die Sicht wurde sofort wieder klar, wenn der Blick nach oben, in den "Westfälischen Himmel", auf das "Wiemgemöös" fiel. Hier hingen himmlisch schöne Schinken und Mettwürste. Sie wurden dort der Haltbarkeit wegen geräuchert. Ein Baldachin sicherte gegen den Funkenflug.

Das gemütliche Herdfeuer des Hofes aus dem 18. Jahrhundert

Auch Katzen liebten die Nähe des Kaminfeuers. Doch ihre Schwänze konnten leicht Feuer fangen. Dann rasten sie voller Schmerzen durchs Haus. Ein Feuerkorb über dem glimmenden Holz sollte das verhindern. Trotz dieser Vorsichtsmaßnahmen und strenger Vorschriften war die Brandgefahr sehr groß. Erst seit dem 16. Jahrhundert gab es Schornsteine, auf dem Land erst viel später. Etwa seit 1750 versicherte die Provinzial-Feuer-Sozietät gegen die Brandgefahr. Die Prämien waren allerdings wegen der Häufung der Schadensfälle sehr hoch.

An dem Hof lässt sich außerdem der Umbruch von der traditionellen Landwirtschaft zur Industrialisierung ablesen. Um 1800 wurden die Remise und der denkmalgeschützte Stall in alt hergebrachter Fachwerkbauweise errichtet. Davon heben sich die erheblich größeren Wirtschaftsgebäude ab, die 1905 in Stein gebaut wurden. Solche massiven Gebäude wurden notwendig für die Maschinen einer inzwischen mechanisierten Agrarwirtschaft.

Zunächst war der Hof Froning im Besitz der edlen Herren von Werne, danach war er der fürstbischöflichen Hofkammer in Münster eigenhörig. An diese mussten die Bewohner des Schulzenhofes die Abgaben und Dienste leisten, dazu auch an die bischöfliche Amtsrentei in Werne. Als Vertreter des Bischofs hatte der Schulze außerdem dessen Interessen zu wahren. Ein Schulze oder Schultheiß diente in frühmittelalterlicher Zeit als Vollstreckungsbeamter des Dorfrichters oder des Grafen. Später wurde die Bezeichnung sehr vielseitig verwandt, unter anderem für den Dorfvorsteher. In manchen Städten und Gemeinden unterstand dem Schulzen die niedere Gerichtsbarkeit, die sich mit leichten Straffällen

Barockes Wegekreuz 1680 – Dank für Rettung aus Feuergefahr

befasste, für die keine Todes- oder schweren Leibesstrafen verhängt wurden.

Über fünfhundert Jahre bewirtschaftete die Familie Schulze Froning diesen Hof. Sie hatte für den über 400 Morgen großen Hof vor der Aufhebung der Hofhörigkeit durch die preußischen Reformen erhebliche und vielfältige Abgaben zu leisten. Der große Hof war zudem verpflichtet, einen Zuchthengst zu halten, einen sogenannten Amtsklöpper, im Volksmund „der Hopper" genannt. Jeder Nachfolger musste ferner ein beträchtliches „Gewinngeld" (vgl. dazu Kapitel S. 27) entrichten. Ein letztes Mal zahlte es 1795 die Erbin Anna Elisabeth Froning. Wie üblich übernahm ihr Ehemann den Namen des Hofes. 1850 konnten die Abgabenverpflichtungen des Hofes durch eine Zahlung von 396 Talern an den preußischen Fiskus abgelöst werden.

Die Schulzen setzten sich zur Wehr

Als Beauftragter des bischöflichen Landesherrn stritt sich der Schulze vom Froninghof nach 1500 in mehreren Prozessen mit der Stadt Werne. Dabei ging es der Stadt darum, ihre Gerichtshoheit gegen die des Bischofs abzugrenzen. Der Fürstbischof wollte seine Machtbefugnisse ausdehnen. Die Stadt, als Mitglied der Hanse zu mehr Reichtum und vor allem zu größerem Selbstbewusstsein gekommen, hielt ihre eigenen Rechte und ihre Selbstverwaltung dagegen: Durfte der Bischof beispielsweise einen Werner Bürger, zumal den Kämmerer der Stadt, gefangen nehmen?

Mit dem Schulzen stritt die Stadt vor allem um Weiderechte, damals ein entscheidender Wirtschaftsfaktor. So trieben Werner Ackerbürger das Vieh des Schulzen, das angeblich auf ihrem Weidegrund gegrast haben sollte, in einen Stall am Rande der Stadtmauer, in einen sogenannten Schüttstall. Man nannte das, die Tiere seien „geschüttet". Der Schulze sollte seine Tiere mit Geld auslösen. Der behauptete aber, die Werner hätten sein Vieh eingefangen, das auf bischöflichem Grund oder auf Cappenberger Rechtsgebiet geweidet habe. In einem anderen Streitfall, so erzählt der derzeitige Besitzer, Ferdinand Schulze Froning, sei ein Knecht des Schulzen von der Stadt angeklagt worden, er habe auf städtischem Land das Vieh gehütet. Das sei nicht strafbar gewesen, argumentierte der Knecht „juristisch", er habe das ja bei Tage getan. Die

Streitfälle wurden oft nicht nur vor dem Hofgericht des Fürstbischofs in Münster ausgefochten, sondern auch vor dem Reichskammergericht in Wetzlar. Dort wurde in der Präambel des Urteils der genannt, in dessem Namen geurteilt wurde: „Wir, Karl V., von Gottes Gnaden Erwählter römischer Kaiser, König in Germanien … ". Es folgten 25 weitere Herrschertitel.

Von einem denkwürdigen Widerstand eines Schulze Froning in historischem Zusammenhang wird berichtet. Vom 13. November 1813 bis zum 18. Juli 1814 zogen nach der Völkerschlacht bei Leipzig zahlreiche verbündete Truppen gegen Napoleon durch Werne: Schweden, Engländer, Russen, Hanseaten, Mecklenburger, Sachsen, französische Gefangene und andere: sie forderten Wagentransporte in unermesslicher Menge. So mussten 1084 vierspännige Wagen und 282 Pferde von der Stadt und dem Kirchspiel Werne gestellt werden.

Ein Schulze Froning wehrte sich äußerst heftig gegen die Beschlagnahme von Pferden und Wagen durch die verbündeten Kosaken. Von einem Schwengel als Waffe und einem Säbelhieb wurde berichtet. Mit einem Sprung über eine Hecke versuchte der Widerständler zu fliehen.

Die ehemaligen Kammern sind zu einem großen Wohnbereich verbunden

Doch er wurde gefangen, an einen Wagen gebunden und zur Bestrafung ins Kosakenlager verschleppt. Der preußische Offizier von Romberg konnte vermitteln und die gefährliche Situation bereinigen.

Alter Schafstall, etwa 1802 erbaut

Das niederdeutsche Hallenhaus

Zahlreiche Höfe in den Werner Bauerschaften entsprechen der Bauweise des Niederdeutschen Hallenhauses. Es ist ein in Fachwerk errichtetes Wohnstallhaus mit einer sehr aufwendigen Holzinnenkonstruktion. In ihm sind Wohnen, Stallungen und Erntelager in einem großen Hauskörper vereint. Ständerreihen tragen Hausdach und Deelendecke. Ständer sind senkrecht stehende Balken. Sie reihen sich in zwei-, drei- oder vierfacher Linie hintereinander auf. Die Anzahl bestimmt die Größe des Hauses. Beim Vierständerhaus stehen vier Reihen in Längsrichtung. Zwei Reihen innen bilden die Wände der großen Halle, Deele genannt, und tragen die Decke. Zwei Reihen an den Seiten bilden die Außenwände. Alle vier Reihen haben eine stützende, tragende Funktion für Haus und Dach. Der Raum zwischen zwei Ständern in einem Abstand von etwa 2,5 Metern ist ein Fach. Kleinere Häuser haben wenige Gefache. Bei größeren Häusern existieren 10 bis 20 Gefache in der Länge. Diese kann dann 50 Meter betragen bei einer Breite von 15 Metern. Die Ständer sind des Regenwassers wegen auf ein Steinfundament gesetzt, das oft aus Felsgestein oder auch aus Findlingen besteht.

Das Vierständerhaus hat somit eine dreischiffige Gliederung in der Längsteilung. Das Deelentor, „grote Dör", bildet als hohes Einfahrtstor die Schauseite, häufig reich geschmückt, im Giebel oft mit geschnitzten Pferdeköpfen überkreuz. Diese dienen als Schmuck und als Windschutz. Das Tor ist des Wetters wegen oft nach Süden ausgerichtet. Die drei Schiffe innen sind aufgeteilt: in der Mitte die große Halle, die Deele, über ihr ist der Lagerraum für die Ernteerträge. Neben der Deele die Stallungen, links die Pferde, rechts die Kühe. Quer zu den drei Schiffen schließt das Flett an, eine offene Wohnküche mit dem Herdfeuer, Kesselhaken und Kamin. Zum Schluss folgen, ein wenig erhöht, Stube und Schlafräume der Bauernfamilie. Knechte und Mägde schlafen über den Ställen. Früher war das Flett zur großen Halle offen. Bei wohlhabenderen Bauern, dann auch später bei kleineren Höfen, setzte sich schrittweise eine deutliche Trennung zwischen Wohnraum und Stallungen durch.

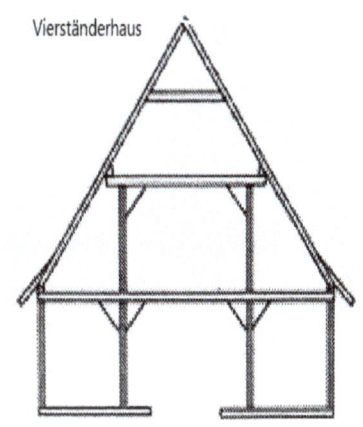

Vierständerhaus

Links: Schaufront nach Süden gerichtet

Oben: Aufriss eines Vierständerhauses

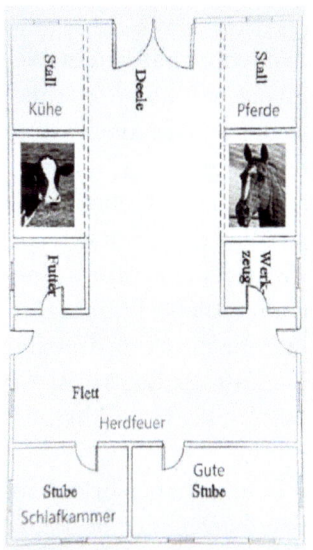

Links: Grundriss eines Hallenhauses
Oben: Schulze Froningsches Hallenhaus Richtung Nor-
den

21

Hof Ehringhausen

Das Torhaus des Hofes Ehringhausen mit doppelter Einfahrt

Eines der wenigen historisch gut erhaltenen landwirtschaftlichen Nebengebäude in Werne liegt auf dem Hof Ehringhausen. Unter Denkmalschutz steht hier eine kleine Fachwerkscheune mit jeweils zwei Toren auf den Traufseiten, also jenen Seiten, an denen die untere Dachkante waagerecht begrenzt wird. Das Denkmalamt hat dieses Gebäude als Scheune ausgewiesen. Doch da es dem Hauptgebäude die Traufseite zuwendet und die zwei Tore genau auf dessen großes Tennentor ausgerichtet sind, ist es eher als Hofeinfahrt anzusehen. Solche Durchfahrtscheunen sind typisch für Höfe wohlhabenderer Bauern im Münsterland. In einem Torbalken befindet sich eine Inschrift, datiert 1823. Als Erbauerin wird Catharina Schürmann, genannt Witwe Ehringhausen, angegeben.

Der Hof war in alten Zeiten der Haupthof der Bauerschaft Ehringhausen, die von ihm ihren Namen übernahm. Eigenherren der Hofstelle waren die Stiftsherren zu Cappenberg, offenbar nach einer Besitzübertragung im Jahre 1270. Damals beurkundete Graf Engelbert von der

Mark, dass Ritter Adolf von Westwik für 130 Mark auf ein Haus in „Eringhusen" verzichtet habe, das er vom Märker zu Lehen hatte. Der Graf übertrug das Haus nebst Äckern, Wäldern, Wiesen und Weiden sowie allen Nutzungsrechten an das Kloster „zu immerwährendem Besitz". Das galt bis 1803, bis zum Reichsdeputationshauptschluss, der allen Kirchenbesitz aufhob.

An das Stift Cappenberg mussten die „Aufsitzer" des Hofes Ehringhausen die Abgaben entrichten. Beim Tod eines Bauern auf Ehringhausen wurde gegen Gebühr (Gewinngeld) ein Gewinnbrief aufgesetzt. Mit diesem Brief musste das Lehen vom nachfolgenden Bauern neu gewonnen werden. Der letzte Gewinnbrief wurde von Cappenberg am 27. Juli 1790 ausgestellt für Ferdinand Ehringhausen und seine Frau Karoline.

Es gab eine Vielzahl von Verpflichtungen an zahlreiche Empfänger. Die Abgaben an Cappenberg: 50,5 Taler, 8 Hühner, 3 Tage Eichen und Buchen pflanzen, Schlagholz und 4 Fuder Torf zu den Mühlenbetrieben fahren, für die Hofherrschaft die gewöhnlichen Nebendienste. An die Amtsrentei: 10 Schillinge Kuhgeld, 2,5 Taler für 12 Spanndienste, ein Fuder Holz. Messkorn: an die Dechanei 2 Scheffel Gerste, an den Küster 1 Scheffel Roggen. An die Kirche: 2 Becher Saat, ¼ Pfund Wachs, eine Klanke (etwa 3 Pfund) Flachs.

1803 wurde die Eigenhörigkeit beendet; die kirchlichen Güter gingen über an das Königreich Preußen und mit ihnen die wirtschaftlichen Rechte. Vom preußischen Fiskus erwarb der frühere preußische Staatsminister Freiherr vom und zum Stein mit Cappenberg auch diesen Hof. Die Abgabenverpflichtungen wurden 1851 abgelöst mit 955 „Thaler" an den preußischen Fiskus. Das war nach damaligem Kaufwert eine sehr hohe Summe. Manche Höfe konnten sie nicht bezahlen und gingen bankrott..

Franz Anton Ehringhausen hat als Bürgermeister von Werne in den Krisenjahren (1815 -1817), als eine große Hungersnot herrschte, mit Organisationstalent und teils mit seinem eigenen Geld die hungernden Schichten in der Stadt Werne mit Brotgetreide versorgt. 1815 war auf einer indonesischen Insel der Vulkan Tambora mit apokalyptischer Urgewalt ausgebrochen und hatte der Welt ein Jahr ohne Sonne beschert.

Die Verbundenheit des Hofes Ehringhausen zu Cappenberg erhielt sich auch in einem anderen Zusammenhang. Der Freiherr vom und zum

Stein und seine Nachfahren durften für den Gemeinderat der Stadt Werne gemäß dem preußischen Dreiklassenwahlrecht, das an den Besitz gebunden war, ihre äußerst gewichtige Stimme abgeben. Die Gräfin Kielmannsegge, Erbin des Freiherren, übertrug dieses Wahlrecht mehrmals einem Ehringhausen.

Früher stand der Hof weiter im Osten. Es war ein großer Gräftenhof. Diese Gräften sind inzwischen zugeschüttet. Das erheblich größere neue Wohnhaus mit einem benachbarten Speicher hatte 1890 Heinrich Ehringhausen gebaut. Dieser Ehringhausen wurde wegen seiner repräsentativen Kleidung der Lord genannt. Manfred Glitz-Ehringhausen erzählt, er habe eine Spindel an der Stelle im Acker gefunden, an der früher das Wohnhaus gestanden habe. Diese Spindel habe er bei Pollender fürs Museum abgeliefert und zur Belohnung ein Eis bekommen.

Böden aus gestampftem Lehm

Toreinfahrten wie die in Ehringhausen dienten in der Regel auch als Lager für Heu, Stroh und Getreide. Zur Scheune und zum Hauptgebäude gehörte die Tenne, der Raumteil hinter den Toren, mit einem befestigten Fußboden, auf dem nach der Ernte das Getreide gedroschen wurde. Ursprünglich bestanden diese Böden meist nur aus gestampftem Lehm. Die beladenen Erntewagen konnten geradewegs die Scheune durchfahren. Innen stakten Bauer und Knechte das Heu oder die Getreidegarben vom Wagen auf den Dachboden. Anschließend konnte das Fuhrwerk an der anderen Seite hinausfahren, ohne dass die Zugtiere ausgespannt werden mussten.

Zu solchen Durchfahrtscheunen wird in Westfalen folgende Anekdote erzählt: Nach einer langen Feier auf einem Bauernhof konnten die Gäste in der Scheune übernachten. Der Enkel des Hofbesitzers sollte aufpassen, dass Männer und Frauen die beiden Scheunentore getrennt für die Übernachtung benutzten, die Frauen links, die Männer rechts. Schon nach kurzer Zeit rannte er zurück zum Großvater und rief auf Platt: „Mi sin se all dörnanner kuemen!".

24

Inschrift auf dem Torbalken mit dem Namen der Erbauerin: Catharina Ehringhausen

Neue Nutzung: Torhaus als Pferdestall (oben), Deele für die Fässer der Brennerei (unten)

Schaufront des Vierständerhauses auf dem Hof Ehringhausen

Der Gewinnbrief

Für die Abgaben- und Dienstverpflichtungen der Höfe gab es in den Werner Bauerschaften zahlreiche Empfänger. Dazu gehörten die fürst-bischöfliche Domkammer, das Kloster Werden, das Stift Cappenberg, die Damenstifte Freckenhorst und Herford, die adeligen Herren von Vi-schering, Nordkirchen, Westerwinkel, Heesen. Auch einzelne Bauern mussten an mehrere Empfänger Leistungen erbringen. So musste ein Hof z. B. Abgaben und Dienste an die Herren von Westerwinkel, an das Stift Cappenberg, dazu an die Amtsrentei Werne, an die Kirche, an den Küster entrichten. Die adeligen Herren waren offensichtlich erfindungs-reich, immer neue Möglichkeiten zu erschließen. Von der umfangrei-chen Liste heutiger Steuerquellen unterscheidet sich das kaum. Eine Auflistung verdeutlicht das: Da gab es Spanndienste, Arbeitsleistungen (Erntehilfe, Spinnen), Pachtgeld, Dienstgeld, Lieferung von Tieren (Schweine, Hühner, Gänse), das Schlagen, Pflanzen und Fahren von Holz, Lieferung von Torf, Gewebe, Zucker, Ingwer, Wachs für Kerzen. Von Hof zu Hof waren die Abgaben und Verpflichtungen nach Umfang und Art sehr verschieden. Auch von Person zu Person gab es sehr un-terschiedliche Rechtsverhältnisse. Das konnte von völliger Abhängigkeit des Bauern bis zu weitgehender Selbstständigkeit reichen. Wurde ein Hof an einen Nachfolger, zumeist an die Erben, übergeben, wurde ein sogenannter „Gewinnbrief" ausgestellt. Der Hof wurde vom neuen „Aufsitzer" „gewonnen". Die „Gewinnkonditionen" wurden sehr de-tailliert nach Art und Umfang mit genauen Zahlenangaben aufgelistet. Geregelt wurde darin auch zumeist die Altersversorgung der „Altaufsit-zer". Heiratsgut wurde eingerechnet. Die Ertragskraft des jeweiligen Ho-fes bestimmte weitgehend die Höhe der Konditionen. Diese waren zu-meist moderat. Auch die Rechte des Bauern gegenüber dem Grundher-ren wurden festgeschrieben. In einem Hofrecht der Äbtissin zu Herford von 1370 für den Stockumer Besitz heißt es, dass „amtshörige Leute" nicht verkauft oder ausgewechselt werden dürfen; ihnen sollen Hof oder Hufe des Amtes ewig gehören. Der Herr muss sie schützen und das Amtsgut verteidigen. Er muss auch dafür sorgen, dass die „Aufsitzer" nicht „verarmen oder verderben auf dem Gute". Das klingt, als wäre die

Äbtissin sehr besorgt um das Wohlergehen der Eigenhörigen gewesen, diente aber wohl vornehmlich der Besitzstandswahrung der Abtei. Gewohnheitsrecht, Tradition und verschiedene andere Bedingungen konnten durchaus zugunsten des neuen „Aufsitzers" wirken. Andererseits verdeutlicht auch ein Beispiel, dass die adeligen Grundherren ihre Forderungen schrittweise erweiterten. Wein war ursprünglich nur ein Trunk bei der feierlichen Übergabe des Gewinnbriefes, später wurde ein bestimmtes Quantum Wein unabhängig davon zu einer feststehenden Verpflichtung.

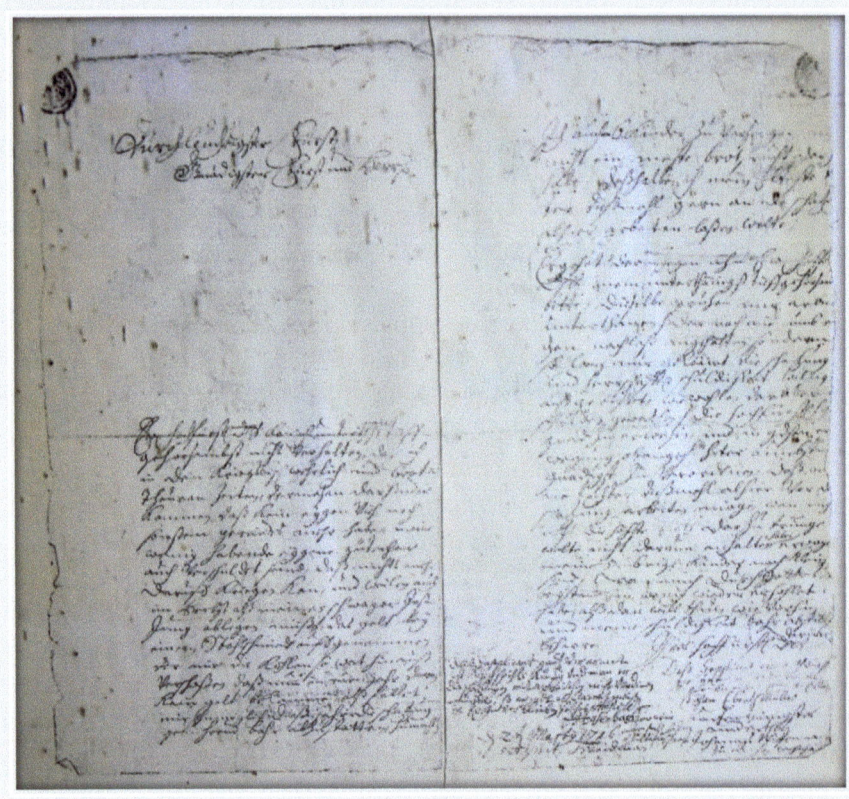

Gewinnbrief von 1793 zum Hof an der Wesseler Riege (s . Seite 74)

Antonius-Kapelle in Langern

Die idyllisch gelegene Kapelle St Antonius

Die Kapelle des Heiligen Antonius liegt idyllisch unweit der Bundesstraße 54 zwischen Lünen und Werne in der Bauerschaft Langern, früher Ostick genannt. Der Patron, der heilige Antonius, gilt als Begründer des Mönchtums und lebte im 3. Jahrhundert. Sein Gedenktag ist der 17. Januar.

1374 wurde die Kapelle „des guden sunte Antonyeze" auf Biethmanns Hof in Ostick, wie Langern früher genannt wurde, in einer Urkunde des Propstes des Cappenberger Stiftes, Adolf von der Recke, erstmals erwähnt. Solche Kapellen wurden früher errichtet aus Dankbarkeit nach dem Abklingen einer Seuche oder Pest. So passt der mittelalterliche Bau der Kapelle in die Zeit des 14. Jahrhunderts. Von 1347 bis 1353 wütete in Europa die verheerendste Seuche, der „Schwarze Tod". Etwa ein Drittel der damaligen Bevölkerung Europas wurde dahingerafft. Der

Heilige Antonius ist einer der sieben Nothelfer und gilt als Helfer gegen ansteckende Krankheiten. In Westfalen ist der Heilige unter dem Namen „Swinetünnes" bekannt und wird als Schutzpatron der Bauern, auch der Schweinehirten und Metzger verehrt. In Pestzeiten war vor allem die Viehhaltung bedroht. „Schwein" hat hier im Unterschied zur sonstigen sprachlichen Verwendung keine negative Symbolkraft. Schweine waren ein Geschenk an die Anhänger des Heiligen, die Antoniter. Diese hatten das Privileg, diese Schweine als Entgelt für ihren Krankendienst mit einem Glöckchen behängt frei laufen zu lassen. Oft wurden solche Antonius-Schweine mit öffentlichen Mitteln in einem eigenen Stall gehalten. Zu Weihnachten wurden sie geschlachtet und das Fleisch an die Armen verteilt.

Das gotische Bauwerk und seine wiederholte Restaurierung

Die Kapelle ist ein Ziegelbau auf Bruchsteinsockel. Darüber sind Feldbrandziegel vermauert. Der Chorschluss ist gerade. Die Kapelle hat ein abgewalmtes Satteldach mit Dachreiter. Die zweibahnigen gotischen Maßwerkfenster und die Türgewände sind aus Werkstein. Der Westgiebel ist verputzt. Heute ist sie Eigentum der katholischen Kirchengemeinde St. Johannes in Cappenberg. Ein spätgotisches Weihwasserbecken und eine Glocke aus dem 19. Jahrhundert gehören zum festen Inventar. Die Kapelle war teils so verfallen, dass sie nicht mehr benutzt werden konnte. Sie wurde mehrmals im Laufe ihrer Geschichte restauriert,

St. Antonius mit Blick auf die gotischen Maßwerkfenster

1973 mit erheblichem Aufwand und mit finanzieller Förderung des Denkmalamtes in Münster und der Pfarrgemeinde Cappenberg. 1983 folgte eine weitere umfassende Renovierung mit Hilfe von Spenden der Osticker. 1999 wurde ein neuer Altar aufgestellt, der von dem Metall-bildhauer Walter Schneider aus Schmallenberg gearbeitet wurde, unter Verwendung des alten Altarsteins. Zur Klosterzeit wurde in der Osticker Kapelle jährlich zweimal feierlicher Gottesdienst gehalten. Bei der Auf-hebung des Stiftes (1803) wurde die Kapelle den Bewohnern von Ostick ohne irgendwelche Verpflichtungen überlassen. Das Bild der Antonius-Kapelle ziert das Wappen des Langerner Schützenvereins, der sich der Pflege und dem Erhalt der Kapelle und ihres Geländes verpflichtet weiß.

Das Bildnis St. Antonius

1971 wurde in die Kapelle eingebrochen und die wertvolle Antoniusfi-gur geraubt. Sie wurde zufällig von dem Werner Kapuzinerpater Suitbert Telgmann in Süddeutschland entdeckt und zurückgebracht. Sie hängt heute in einer neuen bzw. wiederhergestellten kolorierten Fassung im südlichen Seitenschiff der Stiftskirche Cappenberg. Diese Figur des

Links: St. Antonius-Skulptur um 1460

Rechts: spätere ko-lorierte Fassung in der Stiftskirche

Heiligen Antonius wurde um das Jahr 1460 von einem unbekannten Künstler geschnitzt. Sie zeigt zahlreiche Attribute des Heiligen. Er liest in ruhiger Konzentration in einem Buch, der Bibel. In der linken Hand hält er einen Stab in T-Form. Es ist das sogenannte Thaukreuz, auch als Antoniuskreuz bekannt. Der Heilige steht in großer Gelassenheit auf gräulich aussehenden dämonischen Köpfen. Die aggressiv wirkenden Fratzen sind Symbol der Versuchungen, denen der Heilige in der Einöde immer wieder ausgesetzt war. Mit ihren Hörnern, Zähnen und Krallen hätten sie ihn jämmerlich bedrängt, so heißt es in einer Legende. Doch seine ruhige, in die Bibellektüre versunkene Haltung verdeutlicht, dass Antonius den Versuchungen widerstanden und den Sieg über die bedrängenden Gefahren davongetragen hat. Er steht auf den Dämonen und hält sie nieder. Ein kleines Schwein, Ausdruck der hilfreichen Kraft des Heiligen und auch der Sozialfürsorge der Antoniter, schmiegt sich Schutz suchend unten an die Kutte des Heiligen.

Der Bildhauer Reinhold Schneider aus Lünen schreibt zu einer neuen Bronzefigur des Heiligen: „Die Übergabe des Schweins erinnert an seine Wohltätigkeit für Pestkranke und mahnt uns, auch den Notleidenden zu helfen. Der T-förmige Schellenstab mit dem Dreiblatt bezeugt die Anerkennung der göttlichen Lebensordnung, die über dem menschlichen Horizont steht." Reinhold Schneider hat diese neue Figur gestaltet. 1990 wurde sie in der Kapelle aufgehängt. Ein besonderes Attribut dieser Figur ist eine doppelzüngige Schlange zu Füßen des Heiligen. Sie steht für die Bezwingung der eigenen Schwächen. Die entrückte Haltung des Antonius verkörpert den Sieg über das Böse.

Die Heimatdichterin Toni Schmedding-Elpers schrieb ein Gedicht zu der Kapelle. Die erste Strophe und ein Gebet, das die Dichterin aus der Perspektive der Kapelle gestaltet, sind hier als Auszug eingefügt:

> Du laiwe Kapellken, so fromm un schön
> In dien schlichte Kleed van griese Steen,
> wat steihs du sietaff van de Welt so ganz alleen
> tüsken griäsende Kaihe in Wieskengön?
> *Und der Kapelle ist ein Gebet in den Mund gelegt:*
> „Un so lang ick hier staoh, de Pest ick betüg:
> Häer! Wahr us vör Pest, vör Hunger un Krieg!"

Leid und Linderung: Die Rochus-Kapelle

Die Rochus-Kapelle ist 1885 im neoromanischen Stil neu erbaut worden

Bevor die Pest das spätmittelalterliche Europa heimsuchte, fürchteten die Menschen kaum eine Krankheit mehr als die Lepra. Gegen faulende Finger und Zehen, stinkende Geschwüre auf der Haut und eitrigen Ausfluss kannten sie nur ein Heilmittel: Die Betroffenen aus ihrer Gemeinschaft auszuschließen und in eigenen Häusern abzusondern. An das Schicksal der Leprakranken von Werne erinnert die Rochus-Kapelle an der B 54 in Lenklar. Dort stand im Mittelalter ein Siechenhaus mit einer Kapelle.

Lepra ist eine chronische Infektionskrankheit, ausgelöst durch ein Bakterium. Die Krankheit ist weniger ansteckend, als im Mittelalter gedacht; die starke Ausbreitung zu jener Zeit lässt sich mit dem engen Zusammenleben von Menschen und mangelnder Hygiene erklären. Die Krankheit konnte jeden treffen, eines ihrer hochrangigsten Opfer war König Balduin IV. von Jerusalem. Nach Entdeckung des

Krankheitserregers im Jahr 1873 gilt Lepra heute als heilbar. Im Mittelalter war kein Heilmittel bekannt, spontane Heilungen kamen vor. Das Siechenhaus lag einige Kilometer außerhalb der Stadtmauern hinter einer Landwehr. Schon damals führte die Straße nach Lünen unmittelbar an dem Gebäude und seiner Kapelle vorbei. In der Nähe floss ein Bach, die Reitbecke. Beides ist typisch für mittelalterliche Leprosenhäuser. Die Lage an Hauptstraßen ermöglichte den Kranken, Almosen von Reisenden zu erbetteln. Damit ihnen dabei niemand zu nahe kam, warnten die Aussätzigen mit Glöckchen oder Klappern vor ihrer Krankheit. Leprakranke, die auf der Straße von Lünen nach Werne unterwegs waren, konnten im Leprosenhaus abgefangen werden, bevor sie auch nur in die Nähe der Stadtmauern kamen. Der Bach stellte außerdem die Wasserversorgung sicher und diente gleichzeitig der Entsorgung der menschlichen Hinterlassenschaften.

Um die Leprosen kümmerte sich eine Magd. Sie bediente gleichzeitig den Schlagbaum an der Reitbecke. Diese mit schweren Schlössern verschlossenen Schranken sicherten jene Stellen, an denen Straßen durch die Landwehr führten. Gegen ein kleines Entgelt schlossen Nachbarn die Schlagbäume für Durchreisende auf. In seinem Buch über die Feldmarkverfassung von Werne (1917) erwähnt der Historiker Josef Lappe eine Rechnung von 1587/88. Sie besagt, dass „die Magd von der Reidtbecke" 8 Schilling für ihren Schlüsseldienst erhalten hatte.

Die Aussätzigen und ihre Mitmenschen

Auch wenn die Bürger von Werne die Aussätzigen aus Angst vor Ansteckungen weit weg von sich wissen wollten – ganz vergessen hatten sie sie nicht. Als die Vikare Overhage und Brüggemann 1843 eine Chronik von Werne zusammenstellten, vermerkten sie, dass zweimal jährlich eine Prozession von St. Christophorus zur Leprosenkapelle führte. Außerdem bedachten viele Bürger das Siechenhaus mit Stiftungen. Das bezeuge ein gewisses Maß „an gesellschaftlichem Ansehen" der Leprosen, schreibt der Historiker Guido Heinzmann. 1497 stiftete der Werner Kleriker Godefried van Gochem für sich und seinen verstorbenen Bruder, den nach Livland ausgewanderten Kaufmann Ahlard de Gochem, einen Georgsaltar für die Leprosenkapelle. Dazu gehörte eine Vikarie, also eine besoldete

Priesterstelle. Die Witwe des Adolph von Bodelswing stiftete den Kranken jährlich zehn Scheffel Roggen zum Brotbacken; auch Johan van Hovele bedachte die Leprosen in seinem Testament, damit sie zu essen und zu trinken hatten.

Die Menschen unterstützten also die Leprosen und sorgten für ihren geistlichen Trost. Trotzdem dürfte das kaum aufgewogen haben, was die Kranken verloren – die Zugehörigkeit zu ihrer Familie und zur Stadtgemeinde und damit den Schutz einer Gemeinschaft. Nur im äußerst seltenen Fall einer Heilung konnte ein Leprakranker hoffen, wieder in die Gesellschaft aufgenommen zu werden. Das Glück hatte Leonard up der Redbecke. Wie Heinzmann schreibt, erhielt der Mann im Jahr 1500 vom Werner Pfarrer einen Passierschein für seine Wallfahrt zum Grab des heiligen Jakobus in Santiago de Compostella. Die Pilgerreise hatte Leonard offenbar im Fall seiner Heilung gelobt. Und der Passierschein, so vermutet Heinzmann, war notwendig, damit der von Narben gezeichnete Mann ungehindert durch Städte und Dörfer ziehen konnte.

1773/4 starb die letzte Leprose; der Komplex wurde verpachtet. 1867 kaufte die Stadt die Gebäude zurück, die im Privatbesitz verfallen waren. Das Leprosenhaus und die Kapelle konnten nicht mehr gerettet werden. 1885 ließ die Stadt zur Erinnerung an die Leprakranken eine neue

St Rochus: Statt der barocken Figur (jetzt innen) wurde außen eine moderne Figur des Telgter Künstlers Kurt Bahlmamm angebracht (um 1961)

Kapelle im neoromanischen Stil errichten. 1970 feierte die Martinsgesellschaft Lenklar-Brederode mit einem Festgottesdienst die Restaurierung der Kapelle. Die Mitglieder hatten den Abriss des kleinen Gotteshauses verhindert und es mit Hilfe von Spenden und Eigenarbeit renoviert. „Ein Jahr lang haben wir daran gearbeitet", erinnert sich Rudolph Meyer von der Martinsgesellschaft. Sogar aus den USA hätten ehemalige Anwohner aus Lenklar „Dollars geschickt". 1995 musste die Kapelle erneut renoviert werden, nachdem Feuchtigkeit eingedrungen war. Diesmal übernahm die Stadt einen Teil der Renovierung, unterstützt von freiwilligen Helfern der Martinsgesellschaft.

In der Rochus-Kapelle befindet sich eine barocke Holzstatue des heiligen Rochus, das „Schwiärmännken". Der Pestheilige ist in traditioneller Weise dargestellt, als Pilger mit Hut und Stab. Mit einem Finger deutet er auf ein Geschwür (plattdeutsch: Schwiäre) am Oberschenkel. Der heilige Rochus von Montpellier (um 1295–1327) soll, so die Legende, auf einer Pilgerfahrt nach Rom viele Pestkranke mit dem Kreuzzeichen geheilt haben. Im Spätmittelalter und in der frühen Neuzeit war Rochus ein beliebter Heiliger, der als Schutzpatron auch gegen andere Seuchen angerufen wurde. Als sich das St. Christophorus-Krankenhaus Werne und das St.-Marien-Hospital Lünen 2008 zu einem Klinikverbund zusammenschlossen, wählten sie für die GmbH den Namen „St. Rochus".   Text: Anke Schwarze

Fensterbild in der Kapelle: St. Christophorus, Patron der Pfarrkirche zu Werne

Kotten in Ehringhausen

Speicher und Wohnhaus des Kottens am Funnhof

Zwischen Cappenberger und Südkirchener Straße, an der westlichen Grenze Wernes, liegt eine idyllische Wohnanlage am Funnhof. Drei Gebäude gehören dazu, ein Wohnhaus, ein Speicher und ein Stall, alle in Fachwerkbauweise errichtet. Das Wohnhaus entstand im frühen 19. Jahrhundert. In der zweiten Hälfte des 19. Jahrhunderts sind Speicher und Stall dazu gebaut worden. Auf dem flachen Lande wurden damals zahlreiche solcher kleinen Kotten gebaut. Auf Werner Stadtgebiet ist der Kotten am Funnhof der einzige noch gut erhaltene Vertreter dieser Art. Die Besitzerin interessiert und engagiert sich für die Bewahrung des Denkmals. Allerdings ist der Wohnraum für den Familienzuwachs zu klein. Daher sind Speicher und Stall ausgebaut worden. Das ist in Absprache mit dem Amt für Denkmalschutz der historisches Substanz angepasst worden.

Während die Hofanlagen in den nördlichen Bauerschaften in ihrer Struktur den münsterländischen Hallenhäusern entsprechen, ähnelt das kleine zweigeschossige Fachwerkwohnhaus am Funnhof mit seinem fast quadratischen Grundriss zahlreichen Bauten, wie sie entlang des Hellwegs zu finden sind. Dabei handelt es sich um einen Typ von Häusern, in denen eine ländliche Unterschicht wohnte, die reiner Lohnarbeit nachgehen musste. Südlich der Lippe gab es viele solcher Lohnarbeiter. Nördlich der Lippe, im Münsterland, wurde diese unterste bäuerliche Schicht durch das Heuerlingswesen aufgefangen. Heuerlinge waren landwirtschaftliche Arbeiter, denen von einem großen Hof ein Stück Land zugeteilt wurde. So war es auch am Funnhof der Fall. Die Heuerlinge dort erhielten ihr Land vom Prämonstratenserstift Cappenberg zugewiesen. Vermutlich besaßen sie kein Vieh, wie die meisten Heuerlinge. Für die Bewirtschaftung des Ackerlandes leistete ein Bauer Spanndienste. Der Heuerling erbrachte wiederum eine vereinbarte Zahl von Arbeitstagen auf dem Acker des Bauern. Zusätzlich musste die Pacht für Haus und Land durch bestimmte Abgaben, meist Hühner und Getreide, abgegolten werden. Heuerlinge lebten am Rande des Existenzminimums. Doch im Unterschied zu den Lohnarbeitern war ihnen diese Existenz aufgrund ihrer Abhängigkeit von einem großen Hof immerhin sicher. So richtig verzweifelt wurde die Lage für die Heuerlinge mit der Bauernbefreiung. Von dieser profitierten die wohlhabenderen Bauern, nicht aber das verarmte Landvolk. Im Gegenteil, die Aufteilung der Gemeindewiesen raubte ihnen sogar den Weidegrund. Im Fürstbistum Osnabrück kam es deshalb 1848 zu einem Aufstand der Heuerlinge.

Der ehemalige Speicher des Kottens aus der 2. Hälfte des 19. Jahrhunderts

Farbenfrohe Fassaden am Funnhof

39

Hofanlage an der Arenbergstraße

Der Hof Budde liegt traufenständig zur Arenbergstraße

Eines der letzten Zeugnisse bäuerlichen Lebens in der Innenstadt stellt die Hofanlage an der Arenbergstraße dar. Sie stammt aus der Mitte des 19. Jahrhunderts. Das Gebäude steht traufenständig, dass heißt, es kehrt der Straße seine waagerechte Dachbegrenzung zu. Das Fachwerkhaus, dessen Gefache mit Backsteinen gefüllt sind, ist ein traditioneller Vierständerbau mit vier Reihen senkrechter tragender Holzstützen. Um das Jahr 1900 wurde an der linken Seite ein Giebel aus Feldbrandsteinen vorgesetzt. Vorstehende Ziegelgesimse und säulenähnliche Verzierungen lockern die Fassade auf – ein Dekor, mit dem Architekten die funktionale Bauweise des ausgehenden 19. Jahrhunderts belebten.

Laut Denkmalschutzbericht sind „Erhaltung und Nutzung der nahezu unveränderten Hofanlage aus wissenschaftlichen und volkskundlichen Gründen von öffentlichem Interesse". Der Hof war ursprünglich dem Kloster Cappenberg eigenhörig. Grundsätzlich unterstanden die Höfe des Münsterlands einem Grundherren, der diesen Landbesitz nicht bewirtschaftete, sondern ihn abhängigen Bauern gegen Abgaben und Dienstleistungen überließ. Zu den Abgaben gehörten die „gewissen Gefälle", die zu bestimmten Terminen fällig wurden. Daneben hatten die Bauern „ungewisse Gefälle" zu entrichten. Diese hießen so, weil sie zu nicht festzulegenden Terminen anfielen – in der Regel beim Sterbefall, also dem Tod des Eigenhörigen, oder beim Erbgewinn, dem Inhaberwechsel. Beide Fälle sind für den Hof an der Arenbergstraße belegt. Dann mussten bestimmte Mengen an Roggen, Gerste und Hafer sowie vier Hühner abgegeben werden. Außerdem mussten die Bauern Schlagholz zur Gedembergmühle fahren. Diese Mühle an der Lippe, 1690 erbaut und 1947 abgerissen, gehörte den Herren von Cappenberg, die in Werne jahrhundertelang Mahlrechte besaßen. Die Inhaber des Hofes konnten die Gefälle an Cappenberg 1853 gegen eine Zahlung von 1118 Taler ablösen.

Der Hof ist trotz seiner heutigen Innenstadtlage kein typischer Ackerbürgerhof. Er befand sich ursprünglich außerhalb der Stadt. Im 30-jährigen Krieg zog es den Besitzer in den Schutz der Stadtmauern, wo er einen neuen Hof baute. Innerhalb der Mauern standen die Häuser viel beengter. Die Ackerbürger entsorgten ihren Mist vor der Tür, durch die Straßen floss Jauche. Bereits 1603 ließ eine Polizeiordnung verlauten, „dass niemand an offenen Straßen und Wegen Schweineställe, Misthaufen und Kloaken einrichten soll." Doch erfolgreich waren die Stadtoberen mit derartigen Verboten erst Mitte des 19. Jahrhunderts.

Das Deelentor des Hofes und die Tür der Scheune rechts (Foto links) und Blick in die Tenne (Bild rechts)

Zu dieser Zeit war der Bauer wieder aus der Stadt an die alte Hofanlage an der heutigen Arenbergstraße gezogen, nachdem sein innerstädtischer Hof abgebrannt war. Mit dem Abteufen der Zeche Werne begann die Ausbreitung des Stadtgebietes, das irgendwann den Hof mit einschloss. Außerhalb der engen Stadtbebauung gab es mehr Platz, auch für den Mist. Der Viehdung war ein sehr wertvolles Gut. Dieser Dünger war auch nach heutigen Kriterien sehr umweltschonend, sozusagen emissionsfrei.

Hausschlachtungen

Der Hof war ein Kleinbauernbetrieb mit einer geringen Ackerfläche. Das hieß, die Erträge reichten bei einer großen Familie nicht für die Eigenversorgung. Gerade Kleinbauern und Kötter waren von Krisen besonders bedroht. Missernten wirkten sich oft katastrophal aus. Manche Einwohner gerieten an den Rand des Existenzminimums. Viele brauchten eine zweite Erwerbsquelle, in Werne war das zumeist ein Handwerk. Mitglieder der Familie Budde waren Metzger. Ihr zweites berufliches Standbein war die Hausschlachtung. Das war lange Zeit ein krisensicherer und einträglicher Beruf; denn bis zur Mitte des 20. Jahrhunderts waren Hausschlachtungen nicht nur in bäuerlichen Familien üblich. Sie dienten der Eigenversorgung. Geschlachtet wurde nicht nur auf dem Hof. Der Metzger ging zumeist zum Haus seiner Kunden.
Geschlachtet wurden Schweine, Rinder, Geflügel und Kaninchen, auch Ziegen. Das Schlachtvieh wurde oft im eigenen Stall aufgezogen, so auch auf dem Hof Budde. Das Fleisch wurde der langen Haltbarkeit wegen gesalzen, gepökelt, geräuchert. Zur Eigenversorgung musste es bei vielen über das ganze Jahr bis zur nächsten Schlachtung im Winter reichen, vor allem in Notzeiten.
Bernd Budde, der jetzige Besitzer des Hofes, erzählt: „Mein Opa Theodor hat Hausschlachtungen gemacht; dieser gab sein Wissen weiter an meinen Vater Wilhelm. Das Schlachten in der heimatlichen „Waschküche" wurde mir auch noch vermittelt, allerdings brauche ich es heute nur noch für unsere Kaninchen."
Nachdem sich Wirtschaftsbedingungen und Kundenverhalten geändert hatten, fanden Theodor und Wilhelm Budde nebenbei Arbeit auf der Zeche in Werne. „Mein Opa musste im Krieg damit aufhören, weil er

Selbstversorger war und sich zur Sicherung der Volksernährung um den Hof kümmern musste. Dafür durfte er Kohlen bzw. Deputat für die Mitarbeiter der Zeche Werne als „Zuverdienst" mit Pferd und Wagen fahren."

In der NS-Zeit unterlag alles einer strengen staatlichen Kontrolle, besonders als mit Kriegsbeginn 1939 der Mangel immer deutlicher wurde und schrittweise eine Zwangsrationierung eingeführt wurde. Im Fokus der Aufsicht standen vor allem die Hausschlachtungen, die auf dem Land traditionell die Fleischversorgung der bäuerlichen Haushalte gewährleisteten. Die Einwohner umgingen trotz drohender Strafen die rigiden Beschränkungen und Kontrollen auf vielfältige Weise. Geschichten aus dieser Zeit sind in der Familie Budde noch sehr lebendig.

So wurde ein Schwein offiziell beim Amt angemeldet, das zweite wurde schwarz geschlachtet. Dem Tierarzt, der die vorgeschriebene und für die Gesundheit notwendige Trichinenbeschau durchführen musste, wurde nur ein Schwein vorgelegt, das zweite im Keller versteckt. Nur hatte man die Ohren des zweiten Schweines übersehen. Der Tierarzt sah die vier Ohren, verlor zunächst jedoch kein Wort dazu. Erst bei der Verabschiedung sagte er: „'n üordentliket Schlachtpakeet, dat mögg öwer vondag föer den Dokter dransitten."(„Dem Doktor steht aber heute ein ordentliches Schlachtpaket zu.")

Auch Kälber wurden heimlich geschlachtet. Für die Kinder hieß das: „Aff met ink in`t Bedde!" („Ab ins Bett!") Dann wurde das kleine Stallfenster mit einem Sack verhängt und nur mit einer Sturmlaterne in der Hand das Kalb geschlachtet.

Die Kontrollmöglichkeiten in den dünnbesiedelten Bauerschaften waren sicherlich begrenzt. Das war von Vorteil, da die Geheimhaltung offensichtlich auch Lücken hatte. So erzählt man dort gern Folgendes: Von Einzelhof zu Einzelhof trafen sich die Schüler auf dem oft 4 Kilometer langen Weg zur Schule zu mehreren. Dann wurden vor allem im Winter Neuigkeiten ausgetauscht, und Josef berichtete Wichtiges: „Wi häwt gistern usse dicke Mutt schlacht. Ik draw`t öwer keenen vertellen." („Wir haben gestern unsere dicke Sau geschlachtet. Ich darf es aber niemandem erzählen.")

Kötterhaus in Varnhövel

Blick vom Garten auf das Kötterhaus in Varnhövel

Umgeben von Äckern und Weiden zwischen Werne und der Gastwirtschaft "Mutter Stuff" liegt ein kleines Vierständerhaus, das Kötterhaus an der Funnenstraße. Mündlichen Überlieferungen zufolge stammt es aus dem Jahr 1837. Die Giebeldreiecke sind verbrettert und kragen über kleinen Knaggen vor. Die Länge des Hauses misst vier Gefache. Ein Gefach bedeutet den Abstand zwischen zwei Ständern, die Dach und Deelendecke tragen. Dieses Haus besitzt also fünf Ständer. Zum Vergleich: Großbauernhöfe können bis zu 20 Ständer lang sein. Die ehemalige Torzufahrt ist inzwischen zugebaut worden. Vor dem Haus befindet sich eine schöne alte Wasserpumpe. Neben dem Haus steht ein kleines Gebäude, ein Backofen. Eine Besonderheit besteht darin, es ist aus Backstein und Bruchsteinen im Fachwerk errichtet.

Das denkmalgeschützte Haus gehört zu dem selten erhaltenen Typus eines Kleinstbauernhauses, es ist ein sogenanntes Kötterhaus. Kötter waren Kleinbauern, die noch einem anderen Erwerb nachgingen. Sie besaßen wenig Vieh, selten ein Pferd. Von einem Großbauern erhielten sie Land für die Bewirtschaftung zugeteilt. Dafür leisteten sie Hand- und Spanndienste und lieferten eine gewisse Menge an Naturalabgaben (Hühner, Getreide). Die Äcker der Köttersleute waren in der Regel winzig, wie Dr. Gisela Weiß vom Westfälischen Landesmuseum in Münster in einer Studie über diese Gesellschaftsschicht für das Münsterland herausfand. Viele Kötter besaßen nicht einmal Arbeitsgeräte und mussten auch diese noch von ihrem bäuerlichen Herrn mieten. Von dem wenigen, was die Kötter bewirtschaften konnten, musste ein Ehepaar meist viele hungrige Mäuler stopfen. Denn reich waren diese Familien nur an Kindern. Die mussten spätestens im Alter von sechs Jahren mitarbeiten – das Schwein oder die Kuh hüten oder später als Knechte und Mägde bei jenen Bauern dienen, von denen ihre Eltern abhängig waren.

Ein karges, arbeitsreiches Leben

Ein Leben, in dem jedes Stück Brot hart erkämpft war. Ein Leben, wie es für die Zeit des europäischen Mittelalters bis weit ins 19. Jahrhundert normal war. Unterhalb der Großbauern bestanden früher große gesellschaftliche Unterschiede im Landvolk. Dabei rangierten die Kötter noch

Die alte Wasserpumpe war früher für die Versorgung lebensnotwendig

über den Heuerlingen, die zumeist kein Vieh besaßen und nur wenig Ackerland bewirtschafteten. Dieses wurde ihnen von einem Hofbesitzer gegen Dienstleistungen und Abgaben zugeteilt. Als Anfang des 19. Jahrhunderts, nach den preußischen Bauernreformen, viele Bauern ihre

Höfe freikaufen konnten, hatten die Kötter wieder das Nachsehen. Ihnen fehlte das flüssige Kapital. Dazu löste die preußische Regierung viele Allmenden – allgemein genutzte Weideflächen – auf. Dazu überschwemmten Stoffe und Webartikel aus der aufstrebenden Industrienation England den deutschen Markt und entzogen den Köttersfrauen den Nebenerwerb des Webens und Spinnens.

Zum Hof an der Funnenstraße gehörten nur 4,8 Morgen Land. Es gab zwei Kühe, zwei Schweine und Kaninchen. Kötter und benachbarter Bauer unterstützten sich wie üblich wechselseitig, Hand- und Spanndienste leistete der Kötter, der Bauer pflügte den Acker des Kötters und stellte Gespann und Gerät für die Ernte. Im Kötterhaus an der Funnenstraße wurde die Landwirtschaft nebenbei betrieben. Der Ertrag daraus reichte kaum für die Eigenversorgung. Den Haupterwerb erbrachte eine Schusterwerkstatt, die in mehrfacher Generationenfolge betrieben wurde. Wirtschaftliche Umwälzungen, vor allem ein verändertes Kaufverhalten der bisherigen Kunden ließ diese Einnahmequelle versiegen. Der Schuster wurde daraufhin Bergmann auf der Zeche Werne, die ab 1899 abgeteuft wurde. Als die Zeche Werne geschlossen wurde, bot sich die Eisenhütte Westfalia in Lünen als Arbeitgeber an.

Im Kötterhaus der Familie Dirks wird 1937 Nachwuchs erwartet. Auch in diesen beengten Wohnverhältnissen sind noch in der ersten Hälfte des 20. Jahrhunderts Hausgeburten üblich. Nachbarinnen und Verwandte leisten Geburtshilfe. Alles läuft zunächst glatt; ein Junge wird geboren. Doch dann gibt es Komplikationen; man bemerkt plötzlich: es ist ein Zwilling unterwegs. Sofort wird die Hilfe eines Arztes herbeigerufen. Dr. Hövener, einer aus der renommierten Werner Ärztegeneration der Hövener, kommt aus dem 5 Kilometer entfernten Werne an, ob mit einem Auto oder noch mit der Kutsche, das weiß die Familientradition nicht mehr. Sie berichtet allerdings: er sei „mit fliegenden Fahnen hereingestürmt", habe Mantel und Hut beiseite geschmissen und „spornstreichs" dem zweiten Zwilling auf die Welt geholfen. Doch dann nach der turbulenten Hektik die ängstlich besorgte Frage: „Woa is dann dat Iärste, dat Fränzken?" Nach kurzem suchenden Rundblick der erlösende Ruf der Tante: „Dat ligg dao up`t Soufa, unner Dokters Mantel."

Haus Eickholt in Holthausen

Südlicher Eingang des Hauses Eickholt, davor der Rest der Gräfte

In einem kleinen Waldstück im Naturschutzgebiet Düsbecke, mitten in einem typischen Gebiet münsterländischer Parklandschaft mit Wiesen und Hecken, liegt Haus Eickholt. Das heutige Wohnhaus stammt im Kern vermutlich aus dem ersten Drittel des 18. Jahrhunderts, worauf ein Wappenstein über dem Haupttor hindeutet. Es handelt sich um ein Vierständerhaus, bei dem das Dach von Holzständern in vier Reihen getragen wird. Diese Ständer unterteilen wiederum den Wirtschaftsteil des Hauses in drei Längsräume. Damit stellt Haus Eickholt ein für den niederdeutschen Raum typisches Hallenhaus dar. Charakteristisch war einst auch die Einheit von Wohnbereich, Stallungen für Pferde und Kühe sowie Ernteboden und der großen Deele als Mehrzweckraum, in der sowohl gefeiert als auch gedroschen wurde.

Die Wirtschaftsbereiche des Haupthauses wurden Ende des 19. Jahrhunderts in Backstein erneuert. Das Haupthaus mit seiner Gräfte steht

Die Lourdesgrotte dient der Marienverehrung

unter Denkmalschutz, ebenso eine kleine Lourdesgrotte mit einer Mari-
enfigur im Garten. Vor allem Ende des 19. und Anfang des 20. Jahrhunderts wurden solche kleinen Grotten als Nachbildung der Mariengrotte
in Lourdes auf Kirchhöfen, aber auch auf privaten Geländen als Orte
der Verehrung aufgestellt.

Haus Eickholt gehörte ursprünglich zur Propstei Cappenberg. Der nie-
derdeutsche Name bedeutet auf Hochdeutsch „Eichenholz" und bezog
sich auf die riesigen Eichenwälder, die die Hofstelle einst umgaben. Die
Prämonstratenser von Cappenberg gingen gerne in diesen dichten Wäldern auf die Jagd. Anschließend stiegen sie im Haus Eickholt ab – im
wahrsten Sinne des Wortes vom Pferd. In den Quellen wird der Hof als
„Absteige" bezeichnet. Der Begriff „Absteige" galt für viele Höfe, die
adeligen Grundherren zu eigen waren. Er schloss oft für die Bauern die
Verpflichtung ein, die Reise- oder Jagdgesellschaft der hohen Herren mit
Speis und Trank zu versorgen. Der Volksmund griff diese Bezeichnung
im Laufe der Zeit auf und versah sie mit einem negativen Beigeschmack.
Die rauschenden Feste der Adelsherren waren nicht nach dem Ge-
schmack der strenggläubigen Bauern. Von dieser Vergangenheit zeugten

einst in Eickholt ein großer Saal mit Stuckdecke und dem Porträt eines Propstes.

Nach der Säkularisation 1803 fiel Cappenberg an Preußen. Das Gebiet wurde samt allen dazu gehörenden Rechten an den Freiherrn vom und zum Stein verkauft, mit Ausnahme von Haus Eickholt und Haus Hölting. Diese Hofstellen blieben in preußischem Besitz. Der Pächter von Eickholt, Johann Bernhard Dahlhoff, löste den Hof 1832 für 12261 Taler vom preußischen Fiskus ab. Das Gut war damals 580 Morgen groß. Damit er die Summe bezahlen konnte, schlug er für 1600 Taler Eichen aus den Wäldern um Eickholt.

Das gastliche Herdfeuer ist mit dem westfälischen Wappentier geschmückt

Auf der Gussplatte des Kamins war das springende Pferd auf größeren Höfen oft ein besonderes Schmuckstück. Ein Mädchen wollte vor dem Jawort prüfen, wie wohlhabend denn ihr zukünftiger Ehemann sei. Er habe auf seinem Hof drei Pferde, ist dessen Antwort. Das sprach für eine annehmbare Habe. Als er die Braut über die Schwelle getragen hatte, fragte sie: „Wo sind denn die drei Pferde?" Und er zeigte auf die drei herrlich gestalteten Pferde auf der Kaminplatte: „Dao!".

Haus Hölting in Schmintrup

Die Schaufront des Hauses Hölting ist nach Süden ausgerichtet, rechts der spätere Anbau

Dank seines Haupthauses, eines Fachwerkspeichers und einer ehemaligen Gräftenanlage steht Haus Hölting unter Denkmalschutz. Das ehemalige Rittergut liegt in der Bauerschaft Schmintrup, zwischen Wiesen und Äckern im Norden von Werne. Die Bezeichnung Rittergut beruhte wohl auf der Größe des Hofes (375 Morgen) und der weiträumigen Gesamtanlage. Er war damit eines der bedeutenderen Höfe in der Umgebung. Der Name Hölting könnte auf den reichhaltigen Waldbesitz hindeuten.

Das Gut gehörte dem Bischof von Münster, der damit im 14. Jahrhundert das Adelsgeschlecht von Werne belehnt hatte. Noch im Jahre 1415 wurde das Gut von einem Edlen von Werne, Ernst von Werne, bewirtschaftet. Später kaufte Gert von Morrien das Gut. Er war einer der Großen unter den adeligen Grundbesitzern im Kreis Lüdinghausen. Diese westfälische Adelsfamilie residierte in Nordkirchen. Ihre Verbundenheit mit Werne ist über dem Fenster des Südeingangs der Christophorus-

Kirche noch heute zu erkennen; dort ist ihr Wappen verewigt. 1588 zahlte der Pächter Hülshorst an die Morriens 110 Taler, 6 Pfund Zucker und 2 Pfund Ingwer – letzteres ein Beweis für den hohen Wert dieses Gewürzes. Auch mit den von Morriens führte die Stadt Werne mehrfach Prozesse um Weiderechte. Der Stadt wurde in einem Urteil bestätigt, dass der Pächter Hülshorst auf Gut Hölting kein Weiderecht in der „Hohen Heide" habe, die zur städtischen Feldmark gehöre.

Das Gut ging dann über an das Kloster Cappenberg. Wie aller kirchlicher Besitz fiel es 1803 an das Königreich Preußen und wurde von der staatlichen Rentei Werne verwaltet. 1821 wurde es an einen Privatmann

verkauft. 1837 erwarben es die Grafen von Merveldt. Diese verpachteten die Hofstelle.

Zu jener Zeit müssen die Gräften noch gut erhalten gewesen sein. Inzwischen sind sie aber zugeschüttet worden oder versan-

Das Flett als große Wohnhalle mit gemütlichem Herdfeuer

det. Dennoch zeichnet sich ihre alte Form noch im Gelände ab. Im Mittelpunkt der Anlage steht das Haupthaus, ein großes, eingeschossiges Fachwerkgebäude, wobei die Fachwerke mit Ziegeln ausgefüllt sind. Laut Denkmalschutzbericht stammt es aus dem frühen 19. Jahrhundert. Charakteristisch ist, wie bei Haus Eickholt, die Einheit von Stalldeele, einem großen Küchenbereich und dem hier im Süden liegenden Wohnbereich. Zudem hebt sich das ehemalige Rittergut von vergleichbaren Bauernhäusern ab. So sind die Spitzen der Dachgiebel zu einem Krüppelwalmdach geformt – eine Bauweise, wie sie für Bürgerhäuser typisch ist, aber für den ländlichen Raum eher ungewöhnlich. Dem entspricht auch der repräsentative Charakter des großen Wohnbereichs. Vom Hof führt ein Zugang in die große Wohndiele, der mit einem klassizistischen

Türgestell geschmückt wurde. Daneben befand sich ein Jagdzimmer, ausgestattet mit einer Seidentapete, die sich heute im Tapetenmuseum in Kassel befindet. In diesem Jagdzimmer ließen sich der Propst und die ihn begleitenden Konventsherren nach der Jagd bewirten. Das gehörte mit zu den Leistungen der Bauern für die Grundherren.

Der Durchgang zum Anbau ist an der linken Seite mit einem langgezogenen Fries künstlerisch ausgestattet.

Parallel zum Haupthaus liegt ein zweigeschossiges Wirtschaftsgebäude, das wahrscheinlich ebenfalls aus den Anfängen des 19. Jahrhunderts stammt. Dafür sprechen die Art des Fachwerks sowie das ähnliche Krüppelwalmdach. Dieses Haus fällt auf wegen seiner Höhe bei einer relativ kleinen Grundfläche. Derartige „Spieker" (Speicher) sind typisch für die großen Hofanlagen des Münsterlandes, wie Haus Hölting eine darstellt. Diese Höfe benötigten in einem getrennten Gebäude einen großen und sicheren Lagerraum. Das Getreide zum laufenden Lebensbedarf und das Saatgut für das nächste Jahr wurden dort aufbewahrt. Zum oberen Lagergeschoss wurden die Säcke mit einem Aufzugsrad hochgezogen.

Oben: Fries im Durchgang neben der Wohnhalle

Links: Stifterdenkmal für Gottfried und Otto von Cappenberg in der Stiftskirche (1320). Ein häufig verwendetes Kunstmotiv der Prämonstratenser. Es ist vermutlich auch eine Vorlage für die Bildtapete im Haus Hölting und das ehemalige Propstbild im Haus Eickholt gewesen

Hofanlage in Horst

Der Wohnblock des Hofes an der Hellstraße ist der Halle quer vorgestellt

Ein denkmalswertes Haupthaus aus Backstein kennzeichnet die 1895 errichtete Hofanlage an der Hellstraße in Horst. Bemerkenswert ist hier die T-förmige Bauweise, die sich vom üblichen Grundriss des niederdeutschen Hallenhauses abwendet. Der Wirtschaftsteil ist bei diesem Hof deutlich vom zweigeschossigen Wohnhaus getrennt, und statt der ehemaligen Wohnküche, des sogenannten Fletts, ist eine große Wohnhalle entstanden. Dazu verfügt der Wirtschaftsteil über eine deutlich größere Halle, die durch fortschrittlichere Bautechniken möglich wurde. Heute wird die Halle als Schreinerei genutzt.

Die Türen und größtenteils auch die Fenster des Wohnteils zeigen sich im Inneren weitgehend unverändert. Die zeitgleich errichtete Scheune hat zum Hof hin ein modernes Vordach. Es existiert noch eine alte Einfriedung aus gemauerten Pfeilern und geschmiedeten Zäunen. Das Hofkreuz steht vor dem Haupthaus und befindet sich in einem guten Zustand.

Im Unterschied zu modernen eintönigen Fassaden wurde auf vielfältige Wandformen geachtet. Außen verschaffen Fensterbögen, Bandgesimse und Lisenen – schwach vortretende senkrechte Mauerverstärkungen – der Backsteinfassade ein abwechslungsreiches Aussehen. Dazu passt die Bekrönung der weißen Pfosten an der Toreinfahrt. Gegen Ende des 19. Jahrhunderts sollten landwirtschaftlich oder industriell genutzte Gebäude vor allem funktionstauglich sein. Gleichzeitig belebten die Architekten die Fassaden dort, wo es nicht störte, mit einer interessanten Gliederung. An der Hellstraße kommt der Farbkontrast hinzu – zwischen dem Weiß der gemauerten Torpfeiler, dem Rot der Backsteinwände und dem Grün der geschmiedeten Zaungitter.

Oben: Der lang gestreckte Wirtschaftsteil wird heute als Schreinerei genutzt

Rechts: Der Kamin in der Wohnhalle ist neu gestaltet

Farbenvielfalt: Das Weiß des Kreuzes und der Hofeinfahrt kontrastiert mit dem Grün des Gitters und mit dem Rot des Backsteins dahinter

Hofanlage in Stockum

Hof Rasche in Stockum: Reich gestaltete Schaufront des Vierständerhauses

Diese imposante Hofanlage, entstanden um 1870, übernimmt die traditionellen Baustrukturen des niederdeutschen Vierständerhauses, jedoch jetzt in massiver Backsteinbauweise. Die gesamte Anlage veranschaulicht die Finanzstärke dieses Hofes im 19. Jahrhundert. Das Haupthaus, 1868 als mächtiger Vierständerbau errichtet, weist einen ausgeprägten Wohnteil mit Querflur und ein Speichergeschoss auf. Der hochragende Wohngiebel ist mit Blendbogengruppen und Bandgesimsen verziert.

Ein Göpelhaus, das zu dieser Hofanlage gehörte, zeigte in besonderer Weise, dass hier ein bedeutendes Zeugnis der Technisierung der Landwirtschaft im 19. Jahrhundert vorliegt. Ein Göpel ist eine mechanische Vorrichtung zur Erzeugung einer Antriebskraft durch Tiere, zumeist Pferde. Dieser Göpel ist allerdings durch den Wirbelsturm Kyrill zerstört worden. Hinter dem Haus steht ein zweigeschossiges, etwas jüngeres Gebäude, das als Stallspeicher dient und ein Taubenhaus im Giebel hat.

Der Hof liegt knapp oberhalb der alten Burg Stockum. Der zur Burg gehörende Amtshof, der in der Nähe oder auf dem Grund des heutigen Hofes Rasche lag, war ein Lehnsgut der Abtei Herford, zu dem 30 Unterhöfe gehörten. Die Mühleninsel gehörte zum Lehnsgut. Früh schon war mit dem Hof eine Mühle an der Lippe verbunden. 1509 wurde sie in Urkunden breit behandelt als Gegenstand eines Streites zweier Brüder. Es war eine Kornmühle und eine Ölmühle. Mühlen waren in vergangenen Jahrhunderten sehr begehrt, da sie hohen Gewinn versprachen. Daher gab es häufig Streit um diese Betriebe und als Folge oft einen Besitzwechsel. Die gesamte Anlage lässt noch erkennen, dass es sich hier einst um eine Doppelmühlenanlage gehandelt hat, deren Pendant nach 1900 in Backstein erneuert wurde. Ein Teil der alte Mühle wird jetzt zur Stromerzeugung genutzt (Mühle, s. S. 65).

Herrschaft über die Bauern

In karolingischer Zeit führte von Westen nach Osten durch Stockumer Gebiet noch ein wichtiger Handelsweg. Im Jahre 858 verlieh der Karolingerkönig Ludwig der Deutsche, Enkel Karls des Großen, dem Damenstift Herford 30 „eigenhörige" Höfe in Stockum und Selm. Sie dienten der Versorgung der Stiftsdamen. Gerichtsbarkeit und Hoheitsrechte des Oberhofes „Haus Stockum" übertrugen die Äbtissinnen von Herford zunächst den Rittern von Stockum. In der Nähe des heutigen Hofes Rasche erbauten diese Lehnsmannen der Abtei die Burg Stockum mit dem dazu gehörigen Amtshof. Nach der Burg Stockum (im 12. Jahrhundert erstmals erwähnt) am nördlichen Lippeufer errichteten sie schräg gegenüber die Burg Hugenpoth (1305 urkundlich genannt) auf einer Insel am anderen Lippe-Ufer. Diese Burgen sicherten die Herrschaft über die zugehörigen Bauernhöfe links und rechts der Lippe und boten in kriegerischen Zeiten deren Bewohnern Schutz. Diese konnten während einer Fehde mit ihrem Vieh und ihrer beweglichen Habe in den Burgen Sicherheit finden. Um 1300 ging das Lehen beider Burgen an die Herren von Hövel über, die nun als Schulten der Herforder Äbtissinnen dienten.

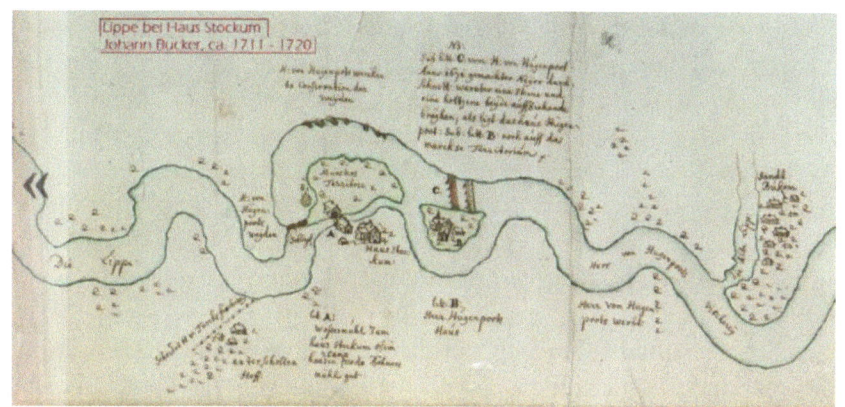

Ein Ausschnitt aus der 24 Meter langen Karte der Lippe mit den Burgen Stockum, Hugenpoth und der Mühle. Der Norden ist unten, der Süden oben.

Den Burgherren standen auch die Jagd-, Fisch- und Mahlrechte zu. Die Herren der Burgen versuchten immer wieder ihren Einfluss und ihren Besitz nach Norden und Süden auszudehnen. Die von Hövel nahmen dabei zunächst keine Rücksicht auf die Grenzlinie zwischen dem Machtbereich der Fürstbischöfe von Münster und dem der Grafen von der Mark; denn ihr Einflussbereich lag beiderseits der Grenzlinie, der Lippe. Dass diese märkisch-münsterische Grenzlinie lange Zeit nicht festlag und daher in Fehden immer wieder heftig umstritten war, verdeutlicht der Besitz derer von Hövel. Burg Stockum, ihr Amtshof und die Masse der Unterhöfe lagen auf münsterischem Boden; die Burginsel Hugenpoth und einige Höfe befanden sich hingegen unter märkischer Oberhoheit südlich der Lippe. Noch im 18. Jahrhundert waren fast alle Sandbochumer Höfe von Stockum abhängig. Zu ihrer Sicherung errichteten die Herren von Hövel südlich der Lippe, etwa zwei Kilometer von den Burgen Stockum und Hugenpoth entfernt, eine dritte Burg, die Torksburg (im heutigen Nordherringen). Die wichtigen Grenzbefestigungen waren in Fehden heftig umkämpft. 1388 z. B. steckten in einer Fehde Dortmunder Söldner die Burg Stockum an und brandschatzten sie.

Gegen die mächtigen Grafen von der Mark konnten sich die Ritter von Stockum auf Dauer nicht behaupten. Für die Märker war die Burg Hugenpoth ein wichtiger Pfeiler gegen Münster. Zwischenzeitlich

59

wurden in Friedensverträgen Kompromisse geschlossen. Die Stockumer mussten für Hugenpoth den Grafen den Zutritt gestatten; d. h. die Grafen von der Mark durften die Burg als „Absteigequartier" benutzen. In Kriegszeiten war sogar eine märkische Besatzung gestattet. Nach 1400 wurde die Burg Hugenpoth Eigentum der Grafen von der Mark. Sie wurde jetzt in ihren Lehnslisten aufgeführt. Genau in diesem Jahr ließ der Bischof von Münster Bauern der westlichen Bauerschaften Wernes in die Stadt umsiedeln, um so die Stadt als Grenzfeste gegen den Feind südlich der Lippe zu verstärken.

In den Auseinandersetzungen nördlich der Lippe zwischen den Herren von Stockum und verschiedenen Kontrahenten ging es vornehmlich um wirtschaftliche Interessen. Mühlen und Weidegründe waren profitable Güter (s. dazu das Kapitel „Mühlen", ab S. 63).

Nördlich und südlich der Lippe kam es immer wieder zum Streit um Weiderechte. Vor allem in Gewinnbriefen wurden Weiderechte häufig umfangreich und detailliert rechtlich festgeschrieben.

Den Lippe-Übergang sichern

Zur Sicherung ihrer Rechte benutzten die Herren von Stockum auch andere Mittel. Nördlich der Burg verlief der Weg von Osten nach Westen Richtung Werne durch ihren Gerichtsbezirk. Dort legten sie weiträumig dichtbewachsene Wälle an. So konnten die Fuhrwerke Zoll und Wegegeld, die die Burgherren forderten und einziehen ließen, nicht mehr umfahren. Die zwei Burgen Hugenpoth und Stockum sollten auch den Lippe-Übergang sichern, der ebenfalls gewinnbringend war, vor allem zu Zeiten als die Lippe schiffbar war. Dies war sie auch noch bzw. wieder im 19. Jahrhundert. Neben der Mühle gab es eine 1822 gebaute und 1855 vergrößerte Schifffahrtsschleuse.

Im 30jährigen Krieg wurde vor allem die Burg Hugenpoth mehrfach besetzt und ausgeraubt. Schwere Verwüstungen gab es auch südlich der Lippe im Holländischen Krieg (1672 bis 1678). Die Grafschaft Mark gehörte seit 1609 zu Brandenburg-Preußen. Der Große Kurfürst, Friedrich Wilhelm I. von Brandenburg, unterstützte die Niederlande gegen den französischen König Ludwig XIV. Die Torksburg in Nordherringen und vermutlich auch die nur knapp zwei Kilometer entfernte Burg Hugenpoth waren von den Franzosen 1673 eingenommen worden. Die

Letzte Reste der Burg Hugenpoth: die Fundamente der alten Zugbrücke am Burggraben

Brandenburger erlitten bei dem Versuch, die Burgen zurückzuerobern, eine herbe Niederlage. Sie büßten 500 Mann und 2 Offiziere ein.

Neben den Kriegsschäden führten Wirtschaftskrisen zur Überschuldung. Der Amtshof der Abtei Herford wurde etwa in der zweiten Hälfte des 17. Jahrhunderts aufgegeben und abgerissen. Er war schon um 1620 „wüst" gefallen. Die Burgen Stockum und Hugenpoth verfielen. Nur von der Burg Hugenpoth gibt es wenige ruinöse Mauerreste, und zwar die, die die Zugbrücke trugen. Von den anderen zwei, Stockum und **Torksburg,** ist nichts mehr zu sehen. Die Orte sind als Bodendenkmäler nur noch für Archäologen interessant. Krieg, Fehden, gewalttätiger Streit zwischen verfeindeten Familien und Erbstreitigkeiten haben fast alle Spuren verwischt.

Konflikte um das Lehnsrecht mit der Abtei Herford, ein gewalttätiger Streit zwischen zwei Familien um Besitzrechte, auch vor dem Reichskammergericht in Wetzlar und am Hofgericht Münster ausgefochten, führten zu einem wirtschaftlichen Ruin. Der ehemals große Besitz der Stockumer Herren wurde zersplittert. 1796 kam es zu einer Zwangsversteigerung. Das Haus Stockum war hoch verschuldet. 1810 erwarb der

Graf von Westerholt-Gysenberg den Hof, naheliegendes Gelände und dazu einige benachbarte Güter. In seinem Besitz war ein großer Teil der südlichen Fluren Stockums. Die Stadt Werne hat später große Teile davon für Neuansiedlungen erworben.

1821 verkaufte der Graf den Hof am Sandbochumer Weg, noch als Leibgewinngut bezeichnet, an Franz Klosterkamp. Die Eigenhörigkeit war aufgehoben; Klosterkamp löste auch die damit verbundenen Verpflichtungen ab. Er kaufte 1829 die Mühleninsel mit der Mühle vom Grafen und später mehrere Ländereien von benachbarten Bauern hinzu, so dass der Hof auf die jetzige Größe anwuchs. Die Familie Rasche hat die Anlage 1896 von Franz Klosterkamp erworben. Sie betreibt heute neben der Landwirtschaft auch eine Pension.

Westfront der Halle mit noch sichtbaren Geschossspuren

Stallspeicher mit Taubenhaus

Ehemalige Deele als großes Viehgehege genutzt

Mühlen – ein bedeutender Wirtschaftsfaktor

Die Gedembergmühle

Für Stadt und Land waren Mühlen von besonderer volkswirtschaftlicher Bedeutung. Deswegen wird zweien hier ein besonderes Kapitel gewidmet, obwohl sie nicht mehr als Denkmäler ausgewiesen werden können; denn eine existiert heute nicht mehr, die zweite ist nicht mehr in ihrer historischen Form erhalten. Doch sie sind des Gedenkens würdig und stehen in engem räumlichen und sachlichen Zusammenhang mit schon besprochenen Denkmälern.

Mühlen waren in vergangenen Jahrhunderten sehr begehrt, da sie hohen Gewinn versprachen. Deshalb kam es zu heftigen Auseinandersetzungen um diese und zu häufigen Besitzwechseln. So stritten sich die Chorherren von Cappenberg und die Herren von Werne mehrfach im Mittelalter und in der frühen Neuzeit um diesen gewinnträchtigen Wirtschaftszweig. Es ging um Wassermühlen und um Windmühlen. Ab dem Jahr 1122 besaß das Prämonstratenserstift Mahlrechte in Werne. 1139 war eine Mühle an der Lippe südlich von Werne im Besitz der Cappenberger. Dabei wird es sich um einen Vorgängerbau der Gedembergmühle gehandelt haben. Aus dem Jahr 1278 ist ein Streit um eine Mühle an der Lippe überliefert. Die Stadt Werne hatte vom Landesherren in Münster 1174 die Erlaubnis erhalten, eine eigene Kornmühle zu bauen. Als die im 17. Jahrhundert abbrannte, bauten sie im Baaken eine neue Mühle. Im Jahr 1683 hieben bewaffnete Leute der Cappenberger Chorherren eine Windmühle in Werne auf dem Bakenknapp um. Die Rechtfertigung lautete: sie schädige die Wassermühlen des Klosters. Für die Stadt Werne stand nicht der Gewinn im Vordergrund. Getreidemühlen waren für die Versorgung der Einwohner lebensnotwendig. Die Stadt führte in diesem Fall einen Prozess mit dem Kloster vor dem Reichskammergericht in Wetzlar. Der musste sich lange hingezogen haben; die Stadt Werne scheint den Prozess gewonnen zu haben. 1690 genehmigte der Bischof die Wiedererrichtung der Windmühle. 1697 verkaufte die Stadt die alten Windmühlenrechte an den Propst. 1709 baute sie im Baaken dann eine neue Mühle.

Die Mühle der Stiftsherren an der Lippe wurde 1509 erstmals urkundlich erwähnt. 1690 wurde sie als Gedembergmühle neu erbaut. Bis 1803 blieb sie im Besitz Cappenbergs. Danach wechselte sie mehrfach den Besitzer. Der preußische Fiskus verkaufte sie. Nach mehreren weiteren Besitzern erwarb sie die Familie Moormann. 1922 kam sie an die Klöckner-Werke. Die benötigten große Flächen bis zur Lippe für den Abraum der Zeche. Ab 1932 wurde nicht mehr gemahlen. 1947 wurde die Mühle abgerissen.

Heinrich Repke, die Gedembergmühle, gemalt 1955 nach dem Abriss der Mühle anhand alter Vorlagen

Innovative Technik

Diese Mühle war ausgezeichnet mit einer technischen, innovativen Besonderheit. Sie war eine sogenannten Hängemühle. Das heißt: Das Was-
serrad konnte dem wechselnden Wasserstand der Lippe angepasst werden. Die Kornmühle war also höhenverstellbar. Dazu war eine auf-
wendige, materialintensive Konstruktion erforderlich. Als Kern dienten
13 Meter lange Tragarme, gefügt aus verdoppelten Balken. Der kompli-
zierte Hebelmechanismus musste nicht nur das überschwere Gewicht
des Mahlwerks und der Wasserräder beim Hochziehen und Herunter-
lassen aushalten, sondern auch dem starken Wasserdruck der Lippe
standhalten.

Die Stockumer Mühle

Früh schon war mit dem Hof Rasche in Stockum eine Mühle an der
Lippe verbunden. Die Mühleninsel gehörte zum Lehnsgut der Abtei

*Die Wassermühle in Stockum ist 1900 erneuert und später aufgestockt worden, heute
wird sie zur Stromerzeugung genutzt*

Herford. Diese Mühle im Südosten von Stockum bestand aus zwei Gebäuden, einer Kornmühle und einer Ölmühle. Die heutige Anlage lässt noch erkennen, dass es sich hier einst um eine Doppelmühlenanlage gehandelt hat, deren Pendant nach 1900 in Backstein erneuert und 1949 aufgestockt wurde. Dieser Teil der alte Mühle wird jetzt zur Stromerzeugung genutzt. Die Ölmühle wurde 1949 zunächst transloziert, dann aber abgerissen.

In den Auseinandersetzungen nördlich der Lippe zwischen den Herren von Stockum und verschiedenen Kontrahenten ging es vornehmlich um wirtschaftliche Interessen. Mühlen und Weidegründe waren profitable Güter. 1654 zerstörten Knechte eines neuen Stockumer Herrn, Arnold von Boymer, die Mühle des Hauses Hardenberg in der Herberner Bauerschaft Nordick. Von Boymer rechtfertigte sein gewalttätiges Vorgehen damit, dass Hardenberg in seinem Gerichts- und Hoheitsbezirk liege. Diese Mühle in Nordick war ein Konkurrent seiner Wassermühle an der Lippe. Er hatte aber keinen Erfolg. Das Hofgericht zu Münster verurteilte ihn nach erneuter Gewalttat ein zweites Mal und verpflichtete ihn zum Schadensersatz.

Die Mühle der Stockumer Herren musste an dem Standort schon Jahrhunderte vorher existiert haben. In Urkunden wurde sie 1303, 1414 erwähnt; im Jahre 1509 war sie in einem Streit ein breit ausgeführtes Thema in Urkunden. Zwei Brüder der Ritter von Hövel schlossen 1509 nach heftigem, auch gerichtlichem Streit einen Erbteilungsvertrag. Darin wurde die Mühle unter sehr kleinschrittigen Bedingungen und Auflagen zwischen den Brüdern geteilt. Vor und nach 1600 wurde sie zweimal durch Stürme zerstört und jeweils wieder aufgebaut. Mehrfach musste sie auch wieder instandgesetzt werden.

Die Mühle auf umkämpfter Grenze

Wegen der besonderen wirtschaftlichen Bedeutung der Mühlen waren Wege dorthin wichtig und dazu die erforderlichen Brücken. Die Lippebrücke neben der Mühle wurde etwa in Urkunden 1430 und 1453 erwähnt. In einem Grenzvertrag 1575 zwischen dem Fürstbischof von Münster und dem Grafen von der Mark wurde festgehalten, dass die Märker die wohl aufgrund kriegerischer Ereignisse zerfallene Brücke selbst (auf eigene Kosten also) wieder aufbauen durften.

Auf dem Bild der Stockumer Mühle von 1904 ist rechts die Ölmühle zu sehen und links die Schifffahrtsschleuse

Der Weg zur Stockumer Mühle von Sandbochum nach Norden kurz nach dem Kanal und mit ihm die Lippebrücke waren noch bis nach 1945 Privatbesitz des Hofes Rasche. Auf diesem Weg konnten die Bauern südlich der Lippe wie ihre Vorväter seit Generationen das Getreide zur Mühle bringen. Als das Gersteinwerk von den Elektrizitätswerken Westfalen gebaut wurde, kamen auch Angestellte und Arbeiter von Süden zum Werk. Die Werksleitung handelte mit der Familie Rasche das Zugangsrecht für diese aus. Zu der Vereinbarung gehörte, dass mitten auf dem Weg ein Tor gebaut wurde. Auf Familienspaziergängen an Sonntagen erfreute das Rolltor vor allem die Kinder: Es wurde zu einer Art Kirmesattraktion umfunktioniert. Es schloss sich nach dem Öffnen selbstständig wieder, und die Kinder sprangen auf und rollten mit.

Während Werne schon von Truppen der 95. US-Infanteriedivision am Karsamstag 1945 besetzt war, wurde in Rünthe und Sandbochum südlich der Lippe noch erbittert mehrere Tage lang gekämpft. Vom Süden der Lippe aus versuchten letzte deutsche Kampftruppen zu verhindern, dass die Amerikaner nördlich auf ihrem Weg nach Osten den

sogenannten Ruhrkessel schließen konnten. Dazu hatten deutsche Sprengkommandos schon die Lippebrücke zwischen Werne und Rünthe zerstört. In dem südlichen Mühlengebäude, in der ehemaligen Ölmühle Rasche, hatte eine amerikanische Maschinengewehreinheit Stellung bezogen. Sie vernichtete einen deutschen Stoßtrupp, der bei Nacht und Nebel über das Wehr des Gersteinwerkes östlich der Mühle einen Überraschungsangriff versuchte. US-Panzer, die nördlich im Dorf Horst standen, hatten mit ihren Geschützen auf Stockum, Sandbochum und Rünthe gezielt, um deutsche Stellungen kampfunfähig zu schießen. So sollte ein Angriff der deutschen Einheiten vereitelt werden. Ein US-Panzerspähwagen, der auf der Höhe neben dem Hof Rasche positioniert war, zerschoss mit der Bordkanone ein Bootshaus südlich der Lippe, in dem sich ein deutscher Vorposten verbarrikadiert hatte. Dem Stockumer Bürger, Theo Jurek, damals 11 Jahre alt, sind die Ereignisse am Ostersonntag, 1. April 1945, noch gut in Erinnerung. Morgens um 6 Uhr auf dem Weg zur österlichen Messfeier sah er amerikanische Jeeps, auf denen deutsche Gefangene abtransportiert wurden. Um 11 Uhr war Theo mit seinem Vater - wegen der Ausgangssperre verbotswidrig - auf einem kurzen Erkundungstripp vor der Tür; da hörte er plötzlich mehrere grelle Detonationen, und hohe Rauchsäulen stiegen im Süden von Stockum in den Himmel. Drei Brücken waren gesprengt worden: die Brücke auf die Hugenpoth-Insel, die Lippebrücke und die Kanalbrücke. Die deutschen Truppen hatten zusätzlich südwestlich von Stockum die Kanaldämme zerstört, um den Angriff der Amerikaner von Stockum aus zu verhindern. Während die Überflutungen auch an den Feldern und Wiesen des Hofes Rasche größere Schäden anrichteten, blieben die Hofgebäude weitgehend verschont. Nur am Stallhaus des Hofes zeugen noch Einschussspuren der Panzergeschosse von dieser Gefahr. Erhebliche Schäden gab es allerdings an zahlreichen Gebäuden in Rünthe, Sandbochum und an einigen in Stockum.
Während schon am 1. April 1945 der Ruhrkessel bei Lippstadt geschlossen wurde, war die 95. US-Infanteriedivision noch daran beteiligt, den Kessel auf der Linie Hamm - Hagen zu teilen. Am 6. April eroberte sie im Zuge dieses Plans Hamm und Kamen.

Haus Valand in Wessel

Haus Valand ist denkmalgerecht saniert

Haus Valand ist ein altes Bauernhaus mit einer Gräfte. Der schöne Hof liegt in Wessel, direkt an der Stadtgrenze von Werne in Richtung Herbern. Sein besonderes Kennzeichen sind die weiß leuchtenden Putzgefache im Kontrast zu dem roten Krüppelwalmdach und der Verkleidung des rückwärtigen Giebels mit Pfannen, nicht mit Brettern, wie es sonst in der Region üblich ist. Vom Walmdach sprechen Architekten, wenn anstelle eines Giebels eine Dachfläche abgesenkt wird. Falls nur der obere Teil des Giebels mit einem Walm abgedeckt wird, spricht man von einem Krüppelwalmdach. An der Südseite befindet sich ein Fachwerkanbau mit einem Schleppdach, also einer Dachform, bei der die Dachfläche des Haupthauses über das Seitengebäude fortgesetzt wird. Haus Valand stammt aus dem 18. Jahrhundert. Die Hofstelle umfasste 50 Morgen, sie war früher ein Lehnsgut der Abtei Herford und gehörte später den Freiherren von Nagel-Itlingen. Deren Herrensitz Haus Itlingen liegt in unmittelbarer Nachbarschaft von Werne, in der Herberner

Bauerschaft Forsthövel. Bereits um 1300 wurde das Freigut mit Namen „Ethelync" erwähnt. Es gehörte ursprünglich zum Lehnsbesitz der Grafen von Isenberg. Deren bekanntester Vertreter, der Graf Friedrich von

Die Tenne ist nun großer Wohnraum, die Futtertröge der Kühe links sind Sitzbänke

Haus Valand ist im Grün versteckt, direkt an der Werner Stadtgrenze nach Norden

Isenberg, ermordete als Anführer einer Adelsverschwörung im Jahr 1225 seinen Onkel, den Erzbischof Engelbert I. von Köln. Diesem Mordfall widmete das LWL-Museum für Archäologie in Herne vor einigen Jahren die große Mittelalterausstellung „Aufruhr". Nach den Isenbergern übernahmen die Grafen von der Mark Haus Itlingen, später kam es über einen Zweig der Herren von Herbern an die Freiherren von Nagel.

In der Bauerschaft Wessel erzählte man früher hinter vorgehaltener Hand, dass einer der Freiherren von Nagel vorzeiten auf Haus Valand eine Dame hatte wohnen lassen, die sich der besonderen, allerdings geheimen Wertschätzung des Barons erfreute.

Mehrere Höfe in den Werner Bauerschaften waren von Gräften umringt. Im Süden und Westen sind sie beim Haus Valand noch erhalten. Auch südlich vom Haus Eickholt ist noch ein Teil vorhanden. „Gräften" ist eine westfälische Bezeichnung für Wassergräben, die ursprünglich Adelssitze und Bauernhöfe schützen sollten. Bäuerliche Gräftenhöfe dienten auch in der Nachahmung adeliger Wasserburgen der Repräsentation. Technisierung und Modernisierung führten dazu, dass die Gräften verlandeten oder zugeschüttet wurden. Mangelnde Pflege hatte zudem oft eine Ungezieferplage zur Folge.

Die Gräfte im Süden des Hauses Valand

Hof an der Wesseler Riege

Die Wohnfront mit den Uhlenlöchern ist nach Westen ausgerichtet. Links steht das Backhaus

An der Grenze zwischen Werne und Herbern, nahe eines kleinen Bachlaufs, liegt die denkmalgeschützte Hofanlage an der Wesseler Riege. Sie besteht aus einem alten Bauernhaus und einem dem Wohngiebel vorgelagerten Backspeicher. Das Hauptgebäude ist ein typisches niederdeutsches Bauernhaus in der Vierständerbauweise. Die Ständerreihen teilen den Wirtschaftsteil in drei Längsschiffe. Auf diesem Hof waren die Pferde rechts untergebracht, die Kühe links. Den mittleren Teil bildete die Deele und in ihr die Tenne. Diese diente als Zufahrt für die Erntewagen und als Arbeitsplatz. Von dort wurden die Tiere gefüttert, dort wurden Geräte und Wagen repariert und Getreidesorten gedroschen. Zu besonderen Anlässen ließ sich die große Halle auch zum Festsaal umfunktionieren. An der rechten Außenwand des Hauptgebäudes befindet sich ein niedrigerer Anbau mit einer Dachschräge. Ein solcher Anbau, Kübbung genannt, schaffte mehr Platz.

Die großen Giebeldreiecke des Hauptgebäudes kragen mit Knaggen vor. Das brachte den Vorteil, dass das Regenwasser von den hölzernen Bodenstreben abgehalten wurde. Im Giebeldreieck des Wohnteils befinden sich zwei kleine Öffnungen, die sogenannten Uhlenlöcher. Sie ermöglichten Eulen, auf dem Dachboden ihren Nistplatz anzulegen. Die fleißigen Nachtjäger dezimierten die Zahl der Mäuse.

An den Wirtschaftsteil des Hofgebäudes schließt, quer zur Hauptrichtung, das Flett an, eine Art Wohnküche. Aus der Zeit ihrer Erbauung um 1800 blieb die alte Ausstattung mit Pflasterung, Kamin und Türen erhalten. Hinter dem Flett, das vor allem als Wohnbereich diente, liegen, auf zwei Geschosse verteilt, die Wohnstuben und Schlafkammern der Bauernfamilie. Das Gesinde schlief über den Kuh- und Pferdeställen.

In der Mitte des Fletts, an der Wand zu den Stuben, befindet sich das Herdfeuer. Es lieferte Wärme, Nahrung und lange Zeit auch Licht. Im Winter bot es die einzige Wärmequelle im Haus. Hier wurde für alle Hausbewohner gekocht, in großen Kesseln, die an Haken über dem offenen Feuer hingen. Zum Brotbacken gab es an der Wesseler Riege ein eigenes Backhaus, getrennt vom Hauptgebäude. Es stammt aus dem Jahr 1839 und verfügt über eine ungewöhnliche Größe. Als Backspeicher schaffte es zusätzlichen Lagerraum, vor allem für Getreide. Zum Backen wurde ein ergiebiges Feuer auf den Steinplatten des Ofens

Links: Kamin, dahinter die Treppe zur Upkammer.
Rechts: Der alte Backofen.

angezündet. Sobald der Ofen heiß genug war, wurde die Glut herausgezogen, und die Aschereste wurden abgefegt. Auf die heißen Steine kamen dann die Brotlaibe. Sie waren zumeist rund, 6 Pfund schwer und hatten einen Durchmesser von ca. 30 cm. 1 ½ Stunden blieben sie im Ofen. Mit Klopfen auf der Unterseite prüfte man, ob die Brote gar waren. Zum Beweis, dass dort heute noch in der traditionellen Weise gebacken wird, führte Georg Westhues den alten Schaber in den Backofen, um zu veranschaulichen, wie die Brotlaibe in den Backofen geschoben werden. Knabbeln, in großen Stücken gebrochener und getrockneter Bauernstuten, sagte Westhues, seien auch heute noch sehr beliebt.

Nicht jeder Hof konnte sich eine vergleichbare Backgelegenheit leisten, so dass auch die Nachbarn zum Brotbacken zu diesem Hof an der Wesseler Riege kamen. Das war nicht nur ökonomisch, sondern bot auch Gelegenheit zu geselligem Tratsch, zur Absprache nachbarschaftlicher Hilfe oder zu vorteilhaften Tauschgeschäften.

Dieser Hof umfasste 80 Morgen und war vor der Bauernbefreiung dem Grafen von Merveldt zu Westerwinkel abgabenpflichtig. In einem sogenannten Gewinnbrief wurden die Abgaben detailliert festgeschrieben. Der letzte Gewinnbrief von 21. März 1793 verfügte, dass 60 Taler zu Beginn gezahlt werden mussten, dann jährlich sechs Taler Pachtgeld, vier Taler Dienstgeld, zwölf Spanndienste, ein Schwein, vier Hühner, zwei Gänse, das Spinnen von fünf Pfund Gewebe, ein Weidehuhn. Georg Westhues bewahrt in einem Schrank im Flett diesen Gewinnbrief von 1793 auf und präsentiert ihn gern den Besuchern (s. Bild im Kapitel „Gewinnbrief", S. 28). Im Jahre 1838 wurde die Abgabenverpflichtung für 366 Taler abgelöst.

Die Hofbesitzer verfochten ihre Interessen

Berichtet wird von einem Streit zwischen Bauern aus der Bauerschaft Mottenheim und aus der Bauerschaft Wessel. Es ging um den Zeitpunkt des Grasschneidens. Wann durfte Gras geschnitten werden? 1830 hatten Tagelöhner von Westerwinkel ohne Erlaubnis vor der festgesetzten Zeit im Mersch Gras geschnitten. Die Bauern aus Mottenheim entrissen den Westerwinkelern die Sensen und brachten sie aufs Werner Rathaus.

Ein heftigerer Streit trug sich im 16. Jahrhundert in den nördlichen Bauerschaften Wernes zu. Julius Schwieters berichtet von einem größeren Bauernaufstand im Jahre 1542. Das ist 17 Jahre nach der blutigen Niederschlagung der Bauernaufstände in Süddeutschland. Die Abdinkhöver Bauern hatten sich erhoben. Der Anführer der Erhebung war Johann Deipenbrock. Der Hof Deipenbrock in Holthausen, der Bauerschaft Wessel benachbart, war der Haupthof zahlreicher Höfe in Werne, die zum Kloster Werden gehörten. Der Aufstand wurde niedergeschlagen, und Deipenbrock wurde zur Strafe in Werne lebendig verbrannt.

Den häufigen Unmut über ihre adeligen Herren reagierten die Bauern, wenn sie abends rings um das Herdfeuer saßen, mit dem Erzählen kritischer Witze ab. Eine eher freundlichere Variante lautete so: Ein Bauer aus Wessel mit einem Ochsenkarren voll Holz und ein Landrat hoch auf einem Kutschbock treffen auf einem schmalen Weg direkt aufeinander. Der adelige Landrat von oben herab: „Na, was soll jetzt werden? Soll der Ochse dem Landrat ausweichen oder der Landrat dem Ochsen?" Sagt der Bauer: „Dat mött Ji unner Ink sölwst utmaken, da misk ick mi nich in."

Grote Dör im Osten des Vierständerhauses an der Wesseler Riege

Dahinter an der linken Seite der Deele Stall und Futtertrog der Kühe

Im Westen der Wohnbereich mit dem Eingang zum Flett

Den Grafen von Merveldt zu Schloss Westerwinkel waren früher zahlreiche Höfe in den nördlichen Bauerschaften Wernes „eigenhörig"

Literatur

Effgen, Gottfried, Aus der Geschichte der Gemeinde Stockum, Selm 1973

Eiynck, Andreas, Alles unter Dach und Fach, Wohnen in altem Fachwerk auf dem Lande, Rheda-Wiedenbrück, 1987

Fertig-Möller, Heidelore, Ein Gang durch die Geschichte(n) von Werne, Werne 2012

Heinzmann, Guido, Gemeinschaft und Identität spätmittelalterlicher Kleinstädte Westfalens. Eine mentalitätsgeschichtliche Untersuchung der Städte Dorsten, Haltern, Hamm, Lünen, Recklinghausen und Werne, Norderstedt 2006

Lappe, Josef: Die Entstehung und Feldmarkverfassung der Stadt Werne. Westfälische Zeitschrift 76, 1918, S. 56-211

Lehnemann, Wingolf, Der heilige Antonius - Kapelle und Skulpturen in der Pfarrei Cappenberg. In: Caplan - Pfarrmitteilungen der katholischen Kirchengemeinde St. Johannes Evangelist, Cappenberg und Langern 2019, S. 18-25

Mörstedt, Konrad, Aus der Geschichte der Stadt Werne a. d. Lippe, Werne 1977 (Manuskript)

Schwieters, Julius, Die Bauernhöfe des östlichen Teils des Kreises Lüdinghausen, Münster 1984, 3. Auflage

Schwieters, Julius, Geschichtliche Nachrichten über den östlichen Teil des Kreises Lüdinghausen, Münster 1886

Stadtarchiv Werne: B I a 3, 4; e 7; d 11; i 1, 3, 6, 7, 39 (Streit zwischen Stadt und dem Landesherren um juristische Zuständigkeiten, Weide-, Fisch- und Mühlenrechte). B I d 26, 27 (Streit zwischen Cappenberg und Stadt u. a. Mühlen betreffend). D.001.01.46 (1509 Erbstreit, Stockum betreffend)

Chronik der Stadt Werne von Vikar Overhage und Vikar Brüggemann, Werne 1843

Bildnachweise